MOJ OTAC ĆE VAM DATI U IME MOJE

Dr. Džerok Li

URIM BOOKS

„Zaista, zaista vam kažem da šta god uzištete u Oca u ime Moje, daće vam.
Dosle ne iskaste ništa u ime Moje; ištite i primićete,
da radost vaša bude ispunjena." (Jevanđelje po Jovanu 16:23-24)

MOJ OTAC ĆE VAM DATI U IME MOJE
od strane dr. Džeroka Lija

Objavile Urim knjige (Predstavnik: Johnny H. Kim)
73, Yeouidaebang-ro 22-gil, Dongjak-gu, Seoul, Korea
www.urimbooks.com

Prethodno objavila na korejskom jeziku Urim knjige u 1990.g.

Prvo izdanje, februar 2021.g.

Uredio dr. Geumsun Vin
Dizajnirao urednički biro Urim Books
Štampa Yewon Printing Company
Za više informacija kontaktirati na urimbook@hotmail.com

Poruka o izdanju

*Zaista, zaista vam kažem da šta god uzištete u Oca u ime Moje,
daće vam" (Jevanđelje po Jovanu 16:23).*

Hrišćanstvo je vera u kojoj ljudi susreću živog Boga i
doživljavaju Njegova dela kroz Isusa Hrista.

Pošto je Bog svemogući Bog koji je stvorio nebesa i zemlju
i koji vlada istorijom univerzuma kao i životom, smrću i
blagoslovom čovekovim, On odgovara na molitve Njegove dece i
želi im da vode blagosloven život dostojan dece Božje.

Svako ko je iskreno Božje dete nosi sa sobom autoritet sa
kojim ima pravo kao dete Božje. Sa ovim autoritetom, on bi
trebao da živi životom u kojem su sve stvari moguće, da otkrije da
mu ništa ne nedostaje i uživa u blagoslovima bez ikakvog razloga
da skriva ljutnju ili ljubomoru prema drugima. Dok vodi život u

kome preliva bogatstvo, snaga i uspeh, on mora da da slavu Bogu kroz njegov život.

Kako bi uživao u takvom blagoslovenom životu, pojedinac mora da u potpunosti razume zakon duhovnog kraljevstva u Božjim odgovorima i dobije sve što je potražio od Boga u ime Isusa Hrista.

Ovo delo je zbirka poruka koje su bile propovedane u prošlosti za sve vernike, naročito za one koji bez sumnje veruju u svemogućeg Boga i žele da vode život prepun Božjim odgovorima.

Neka ovo delo Moj Otac će vam dati u ime Moje služi kao vodič koji će povesti sve čitaoce da postanu svesni zakona duhovnog kraljevstva u Božjim odgovorima i omogući im da dobiju sve što su potražili u molitvi, u ime Isusa Hrista ja se molim!

Ja dajem svu zahvalnost i slavu Bogu jer je dozvolio da ova knjiga nosi Njegovu dragocenu reč koja će biti objavljena i izražavam svoju iskrenu zahvalnost prema svima onima koji su naporno radili za ovaj poduhvat.

Jaerock Lee

Sadržaj

Način za dobijanje Božjih odgovora

Dečice moja, da se ne ljubimo rečju ni jezikom, nego delom i istinom. I po tom doznajemo da smo od istine i pred Njim tešimo srca svoja, jer ako nam zazire srce naše; Bog je veći od srca našeg i zna sve. Ljubazni, ako nam srce naše ne zazire, slobodu imamo pred Bogom; i šta god zaištemo, primićemo od Njega, jer zapovesti Njegove držimo i činimo šta je Njemu ugodno

(1. Poslanica Jovanova 3:18-22).

Jedan od izvora velike radosti za Božju decu je činjenica da je svemogući Bog živ, odgovara na njihove molitve i u svim stvarima čini za njihovo dobro. Ljudi koji veruju u ovu činjenicu mole se revnosno kako bi mogli da dobiju sve što su tražili od Boga i Njemu daju slavu sa sa sadržinom iz njihovog srca.

1. Poslanica Jovanova 5:14 nam govori: *„I ovo je sloboda koju imamo k Njemu da ako šta molimo po volji Njegovoj posluša nas.“* Stih nas podseća da kada mi tražimo u skladu sa Božjom voljom, mi imamo pravo da dobijemo sve od Njega. Ma koliko da je možda zao roditelj, kada njen sin potraži hleb ona mu neće dati kamen, a kada on potraži ribu majka mu neće dati zmiju. Šta će onda sprečiti Boga u davanju Njegovoj deci dobre darove kada to oni potraže od Njega?

Kada je žena Hananejka u Jevanđelju po Mateju 15:21-28 stala pred Isusa, ona nije dobila samo odgovore na njene molitve već je i ispunila želje njenog srca. Iako je njena kćer patila od užasnog posedovanja od strane demona, žena je tražila od Isusa da isceli njenu kćer jer je verovala da je sve moguće za one koji veruju. Šta mislite da je Isus učinio za ovu žene nejevrejku koja je bez odustajanja tražila od njega ćerkino isceljenje? Kako nalazimo u Jevanđelju po Jovanu 16:23: *„I u onaj dan nećete me pitati nizašta. Zaista, zaista vam kažem da šta god uzištete u Oca u ime Moje, daće vam,“* videvši ženinu veru Isus je odmah odobrio zahtev. *„O ženo, velika je vera tvoja; neka ti bude kako hoćeš“* (Jevanđelje po Mateju 15:28).

Koliko je veliki i drag Božji odgovor!

Ako mi verujemo u živog Boga, kao Njegova deca mi moramo Njemu da dajemo slavu dok dobijamo sve što smo tražili od Njega. Sa ovim odlomkom na kome se zasniva ovo poglavlje, dozvolite nam da istražimo načine u kojima mi možemo da dobijemo Božje odgovore.

1. Mi moramo da verujemo u Boga koji nam obećava da će nam odgovoriti

Kroz Bibliju, Bog nam obećava da će On svakako odgovoriti na naše molitve i molbe. Prema tome, samo onda kada mi ne sumnjamo u ovo obećanje mi možemo revnosno da tražimo i dobijemo sve što smo potražili od Boga.

U Brojevima 23:19 čitamo: *„Bog nije čovek da laže, ni sin čovečji da se pokaje, šta kaže neće li učiniti? I šta reče neće li izvršiti?"* U Jevanđelju po Mateju 7:7-8 Bog nam obećava: *„Ištite i daće vam se; tražite i naći ćete; kucajte i otvoriće vam se. Jer svaki koji ište, prima; i koji traži, nalazi; i koji kuca, otvoriće mu se."*

Kroz Bibliju postoje mnogi nagoveštaji koji ukazuju na Božje obećanje, da će nam On odgovoriti ako tražimo u skladu sa Njegovom voljom. Slede nekoliko primera:

„Zato vam kažem, sve što ištete u svojoj molitvi verujte da ćete primiti i biće vam" (Jevanđelje po Marku 11.24).

„Ako ostanete u Meni i reči Moje u vama ostanu, šta god

hoćete ištite, i biće vam" (Jevanđelje po Jovanu 15:7).

„I šta god zaištete u Oca u ime Moje, ono ću vam učiniti, da se proslavi Otac u Sinu"(Jevanđelje po Jovanu 14:13).

„Tada ćete Me prizivati i ići ćete i molićete Mi se i uslišiću vas. I tražićete Me i naći ćete Me, kad Me potražite svim srcem svojim" (Jeremija 29:12-13).

„Prizovi Me u nevolji svojoj, izbaviću te i ti Me proslavi" (Psalmi 50:15).

Takvo Bože obećanje je pronađeno vremenom i opet u oba Starom i Novom Zavetu. Čak i da je postojao jedan biblijski stih koji se odnosi na ovo obećanje, mi bismo se držali čvrsto ovog obećanja i molili se da dobijemo Njegov odgovor. Međutim, pošto je ovo obećanje pronađeno više puta u Bibliji, mi moramo da verujemo da je Bog zaista živ i da čini isto i juče i danas i zauvek (Poslanica Jevrejima 13:8).

Šta više, Biblija nam govori o mnogim blagoslovenim ljudima i ženama koji su verovali u Božju reč, tražili i dobili Njegove odgovore. Mi bi trebali da se ugledamo na veru i srca ovih ljudi i vodimo sopstvene živote u kojima ćemo uvek dobijati odgovore.

Kada je Isus rekao paralizovanom u Jevanđelju po Marku 2:1-12: *„Opraštaju ti se gresi. Ustani i uzmi odar svoj, i hodi,"* paralizovan je ustao, uzeo svoj odar i izašao javno pred svima i svi svedoci su bili oduševljeni i samo su mogli da slave Boga.

Kapetan u Jevanđelju po Mateju 8:5-13 došao je pred Isusa zbog svog sluge koji je ležao paralizovan kod kuće, izmučen strahom rekao Mu: „*Samo reci reč i ozdraviće sluga moj.*" Mi znamo da kada je Isus rekao kapetanu: „*Idi! Kako si verovao neka ti bude*" kapetanov sluga je bio isceljen u tom času.

Leprozan u Jevanđelju po Marku 1:40-42 došao je kod Isusa i molio Njega na kolenima: „Ako hoćeš, možeš me očistiti." Kako je On bio ispunjen saosećanjima za leproznog, Isus je pružio ruku i dodirnuo čoveka: „Hoću, očisti se." Mi nailazimo da je leproza napustila čoveka i on je bio izlečen.

Bog dozvoljava svim ljudima da dobiju sve što od Njega potraže u ime Isusa Hrista. Bog takođe želi svim ljudima da veruju Njemu koji je obećao da će odgovoriti na njihove molitve, da se mole sa nepromenljivim srcem bez odustajanja i postanu Njegova blagoslovena deca.

2. Vrste molitva na koje Bog ne odgovara

Kada ljudi veruju i mole se u skladu sa Božjom voljom, žive po Njegovoj reči i umiru baš kao što zrno pšenice umire, Bog zapaža njihovo srce i posvećenost i odgovara njihovim molitvama. Ipak, ako postoje pojedinci koji ne mogu da dobiju Božje odgovore uprkos njihovoj molitvi, koji može da bude uzrok tome? Postoje mnogi ljudi u Bibliji koji nisu uspeli da dobiju Njegov odgovor iako su se molili. Ispitujući razloge zbog kojih ljudi ne uspevaju da dobiju Božje odgovore, mi moramo da naučimo kako mi možemo da dobijemo odgovore od Njega.

Prvo, ako mi gajimo greh u našem srcu i molimo se, Bog govori da nam On neće odgovoriti na naše molitve. Psalmi 66:18 nam govore: *„Da sam video u srcu svom bezakonje, ne bi me uslišio GOSPOD."* a Isaija 59:1-2 nas podseća: *„Gle, nije okraćala ruka GOSPODNJA da ne može spasti, niti je otežalo uho Njegovo da ne može čuti. Nego bezakonja vaša rastaviše vas s Bogom vašim i gresi vaši zakloniše lice Njegovo od vas, da ne čuje."* Zato što će neprijatelj đavo presresti našu molitvu zbog našeg greha, to će samo pobediti vazduh i neće stići do Božjeg prestola.

Drugo, ako se molimo u sredini neslaganja sa našom braćom, Bog nam neće odgovoriti. Zato što nam naš nebeski Otac neće oprostiti dok mi ne oprostimo našoj braći iz srca (Jevanđelje po Mateju 18:35), naša molitvi niti će biti predana Bogu niti će joj biti odgovoreno.

Treće, ako se molimo da bi zadovoljili svoje želje, Bog neće odgovoriti na našu molitvu. Ako zanemarimo Njegovu slavu i umesto toga se molimo u skladu sa željama grešne prirode i trošimo ono što smo od Njega dobili zbog našeg zadovoljstva, Bog nam neće odgovoriti (Jakovljeva Poslanica 4:2-3). Na primer, marljivoj i vrednoj ćerci otac će dati džeparac kada god ona potraži. A međutim, nepovinovanoj ćerci koja ne mari toliko za učenje, otac će biti ili bezvoljan u davanju njenog džeparca ili zabrinut da će možda potrošiti njen džeparac na pogrešne stvari. Na isti način, ako tražimo nešto sa pogrešnim razlozima ili da bi zadovoljili grešnu prirodu, Bog nam neće odgovoriti jer možda idemo na donji put koji vodi do uništenja.

Četvrto, mi ne bi trebalo niti da se molimo niti da uzvikujemo za idolopoklonstvo (Jeremija 11:10-11). Zato što Bog mrzi idole iznad svega, mi samo treba da se molimo za spasenje njihovih duša. Na svaku drugu molitvu ili zahtev za njih ili u njihovu korist biće neodgovoreno.

Peto, Bog ne odgovara na molitve koje su ispunjene sumnjom zato što mi dobijamo odgovore od Gospoda samo kada verujemo i ne sumnjamo (Jakovljeva Poslanica 1:6-7). Ja sam siguran da su mnogi od vas bili svedoci u izlečenju neizlečivih bolesti i rešavanju u naizgled nerešivim problemima kada su ljudi tražili od Boga da interveniše. Ovo je zato što nam je Bog rekao: *„Jer vam zaista kažem: ako ko reče gori ovoj, „Digni se i baci se u more" i ne posumnja u srcu svom, nego uzveruje da će biti kao što govori, biće mu šta god reče."* (Jevanđelje po Marku 11:23). Vi bi trebali da znate da na molitvu ispunjenom sumnjom ne može biti odgovoreno i da samo molitva u skladu sa Božjom voljom donosi osećaj neosporne sigurnosti.

Šesto, ako se ne povinujemo Božjim zapovestima, našoj

molitvi neće biti odgovoreno. Kada se povinujemo Božjim zapovestima i činimo što Njemu godi, Biblija nam govori da možemo da imamo poverenje u Boga i da dobijemo od Njega sve što potražimo (1. Jovanova Poslanica 3:21-22). Jer nam Poslovice 8:17 govore: *„Ja ljubim one koji mene ljube, i koji me dobro traže nalaze me,"* na molitve ljudi koji su se povinovali Božjim zapovestima u njihovoj ljubavi prema Njemu (1. Poslanica Jovanova 5:3) svakako će biti odgovoreno.

Sedmo, mi ne možemo da dobijemo Božje odgovore bez sejanja. Zato što u Poslanici Galaćanima 6:7 čitamo: *„Ne varajte se: Bog se ne da ružiti; jer šta čovek poseje ono će i požnjeti,"* a 2. Poslanica Korinćanima 9:6 nam govori: *„Ovo pak velim, koji s tvrđom seje, s tvrđom će i požnjeti; a koji blagoslov seje, blagoslov će i požnjeti,"* bez sejanja jedinka ne može požnjeti. Ako neko sadi molitvu, njegova duša će takođe biti dobro; ako seje ponude, on će dobiti finansijski blagoslov; a ako seje njegova dela, on će dobiti blagoslove dobrog zdravlja. Sve u svemu, vi morate da posejete ono što želite da požnjete i da sejete shodno tome da dobijete Božje odgovore.

Pored uslova koji su gore navedeni, ako ljudi ne uspeju da se mole u ime Isusa Hrista ili ne uspeju da se mole iz svog srca ili nastave da brbljaju, njihovoj molitvi neće biti odgovoreno. Nesloga između muža i žene (1. Petrova Poslanica 3:7) ili neposlušnost, njima ne garantuje Božje odgovore.

Mi uvek moramo da imamo u mislima da takvi uslovi

navedeni iznad stvaraju zid između Boga i nas; On će okrenuti Njegovo lice od nas i neće odgovoriti na naše molitve. Prema tome, mi moramo najpre da težimo ka Božjem kraljevstvu i pravednosti, dozivamo Njega u molitvama da bi ispunili želje u našim srcima i uvek dobijemo od Njega odgovore dok postimo do kraja u čvrstoj veri.

3. Tajne za dobijanje odgovora na naše molitve

Na početku faze nečijeg života u Hristu, duhovno je on uporediv sa novorođenčem i Bog odgovara odmah na njegove molitve. Zato što osoba još u potpunosti ne zna celu istinu, ako on primeni u dela reč Božju on makar malo uči, Bog mu odgovara kao da je novorođenče koje plače za mlekom i vodi ga u susret Bogu. Kako on učestalo sluša i razume istinu on će rasti iz faze „malog deteta" i koliko stavlja istinu u dela, Bog će mu odgovoriti. Ako je pojedinac preraso u fazu „deteta" duhovno ali nastavlja da greši i ne uspeva da živi po reči, on ne može da dobije Božji odgovor; od tog momenta, on će videti Božje odgovore kako ispunjava posvećenost.

Prema tome, kako bi ljudi koji nisu dobili od Njega odgovore primili Njegove odgovore, oni najpre moraju da se pokaju, okrenu od njihovih puteva i počnu da žive pokoran život u kojem će živeti po Božjoj reči. Kada oni borave u istini nakon pokajanja kidanjem svog srca, Bog daje neverovatne blagoslove za njih. Pošto je Jov imao veru koja je bila skladirana kao znanje, on se na početku bunio protiv Boga kada su iskušenja i patnja stale na njegov put. Nakon što je Jov sreo Boga i pokajao se kidajući svoje srce, on je oprostio svojim prijateljima i živeo je po Božjoj reči. Zauzvrat, Bog je blagoslovio Jova duplo više od onoga što je ranije imao (Jov 42:5-10).

Jona je bio zarobljen u velikoj ribi zbog njegove neposlušnosti prema Božjoj reči. Ipak, kada se on molio, pokajo i dao zahvalnost u njegovoj molitvi sa verom, Bog je zapovedio ribi i ona je ispljuvala Jona na suvu zemlju (Jona 2:1-10).

Kada se mi okrenemo od naših puteva, živimo po Očevoj volji i Njega dozivamo, neprijatelj đavo će doći do vas iz jednog pravca ali će bežati od vas u sedam različitih pravaca. Naravno, bolesti, problemi sa vašom decom i finansijski problemi će biti rešeni. Proganjani muž će se pretvoriti u dobrog i milog muža i mirna porodica koja odaje miris Hrista će dati veliku slavu Bogu.

Ako smo se okrenuli od naših puteva, pokajali se i dobili od Njega odgovore na naše molitve, mi moramo da damo slavu Bogu koja je svedok naše radosti. Kada mi udovoljavamo i dajemo Njemu slavu kroz naša svedočenja, Bog neće samo da dobije slavu i uživa u nama, već će postati željan da nas pita: „Šta da ti dam?“

Pretpostavimo da roditelj poklanja njenom sinu poklon a sin ne izgleda zahvalan niti izražava zahvalnost na ni jedan način. Majka ne želi da mu da više nista drugo. Međutim, ako sin postaje veoma zahvalan za poklon i udovoljava svojoj majci, ona sve više postaje oduševljena i želi da sinu da još više poklona koje u skladu sa time priprema. Na isti način, mi ćemo dobiti mnogo više od Boga kada damo Njemu slavu prisećajući se da naš Otac Bog uživa kada Njegova deca dobijaju odgovore na njihove molitve i daje čak i veće dobre darove onima koji svedoče o Njegovim odgovorima.

Hajde da svi tražimo u skladu sa Božjom voljom, pokažemo Njemu našu veru i posvećenost i dobijemo od Njega sve što potražimo. Iz ljudske perspektive možda izgleda teško dok pokazujemo Bogu našu veru i posvećenost. Međutim, samo posle takvog procesa kako smo odbacili teške grehove koji stoje protiv istine, usmerili oči ka večnom raju, dobili odgovore na naše molitve i izgradili naše nagrade u nebeskom kraljevstvu, naši životi će biti ispunjeni sa zahvalnošću i biće zaista vredni truda. Šta više, naši životi će biti mnogo više blagosloveni jer će iskušenja i patnja biti izbačeni i prava ugodnost će se osetiti u Božjem vođstvu i zaštiti.

Da svako od vas traži sa verom sve što želi, moli se iskreno, bori se sa grehom i povinuje se Njegovim zapovestima da bi dobili sve što potražite, udovolji Njemu u svakoj stvari i da veliku slavu Bogu, u ime Isusa Hrista ja se molim!

Poglavlje 2

Mi još uvek moramo
Njega da pitamo

I opomenućete se zlih puteva svojih i dela svojih koja ne behu dobra, i sami ćete sebi biti mrski za bezakonja svoja i za gadove svoje. „Neću vas radi učiniti," govori GOSPOD Bog: „Znajte. Posramite se i postidite se puteva svojih, dome Izrailjev!" Ovako veli GOSPOD Bog: „Kad vas očistim od svih bezakonja vaših, naseliću gradove, i pustoline će se opet sagraditi. I pusta će se zemlja raditi, što je bila pusta pred svakim koji prolažaše. I reći će se: „Zemlja ova što beše pusta posta kao vrt edemski, i gradovi što behu pusti, razvaljeni i raskopani, utvrdiše se i naseliše se." I narodi koji ostanu oko vas poznaće da ja GOSPOD sagrađujem razvaljeno i zasađujem opustelo. Ja GOSPOD rekoh, i učiniću." Ovako veli GOSPOD Bog: „Još će me tražiti dom Izrailjev da im učinim: Da ih umnožim ljudima kao stado."

(Jezekilj 36:31-37)

Kroz šezdeset i šest knjiga Biblije, Bog koji je isti juče, danas i zauvek (Poslanica Jevrejima 13:8) svedoči činjenici da je On živ i u delima. Svima onima koji su verovali u Njegovu reč i povinovali se u vremenima Starog Zaveta, Novog Zaveta i danas, Bog im je predano pokazao dokaz Njegovog dela.

Bog stvoritelj svega u univerzumu i Vladalac života, smrti, kletve i blagoslova čovečanstva obećao je da će nas „blagosloviti" (Ponovljeni Zakon 28:5-6) sve dok verujemo i povinujemo se Njegovoj reči pronađenoj u Bibliji. Sada, ako mi iskreno verujemo u ovu neverovatnu činjenicu, šta će nam nedostajati i šta nećemo dobiti? Mi nailazimo u Brojevima 23:19: *„Bog nije čovek da laže, ni sin čovečji da se pokaje, šta kaže neće li učiniti? I šta reče neće li izvršiti?"* Da li Bog ne govori i da li ne čini? Zar On ne obećava i zar ne ispunjava? Šta više, pošto je Isus obećao u Jevanđelju po Jovanu 16:23: *„Zaista, zaista vam kažem da šta god uzištete u Oca u ime Moje, daće vam,"* Božja deca su zaista blagoslovena.

Prema tome, samo je prirodno za decu Božju da vode živote u kojima dobijaju sve što potraže i daju slavu nebeskom Ocu. Zašto onda većina hrišćana ne uspeva da vodi takav život? Sa odlomkom na osnovu čega se ovo poglavlje zasniva, hajde da istražimo kako mi uvek možemo da dobijemo odgovore od Boga.

1. Bog je progovorio i učiniće ali mi ipak treba da tražimo od Njega

Po Božjem izboru, ljudi Izraela su dobili obilne blagoslove. Njima je bilo obećano da ako se oni u potpunosti povinuju i prate Božju reč, On će ih postaviti iznad svih nacija na zemlji, odobriće da neprijatelji koji ustanu protiv njih budu poraženi i blagosloviće sve što stavili u svoje ruke (Ponovljeni Zakon 28:1, 7, 8). Takvi blagoslovi dešavali su se Izraelcima kada su se povinovali Božjoj reči, ali kada su činili pogrešno, kada se nisu pokoravali Zakonu i služili idolima, u Božjem gnevu oni su bili zarobljeni i njihova zemlja je bila uništena.

U to vreme Bog je rekao Izraelcima da ako se pokaju i okrenu od svojih zlih puteva, On će dozvoliti da nenaseljena zemlja postane kultivisana i da uništena mesta budu obnovljena. Šta više, Bog je rekao: *„Ja GOSPOD rekoh, i učiniću. Još će me tražiti dom Izrailjev da im učinim"* (Jezekilj 36:36-37).

Zašto je Bog rekao Izraelcima da će On činiti ali da takođe oni ipak moraju da „traže" od Njega?

Čak iako Bog zna šta nam je potrebno još pre nego što Njega pitamo (Jevanđelje po Mateju 6:8), On nam je takođe rekao: *„Ištite, i daće vam se ... Jer svaki koji ište, prima ... koliko će više Otac vaš nebeski dati dobra onima koji Ga mole"* (Jevanđelje po Mateju 7:7-11).

Pored toga, kako nam je Bog rekao kroz Bibliju da bi mi trebali da od Njega tražimo i uzvikujemo da bi dobili Njegove odgovore (Jeremija 33:3; Jevanđelje po Jovanu 14:14), Božja deca koja iskreno veruju u Njegovu reč moraju ipak da traže od Boga čak iako je progovorio i iako je On rekao da će učiniti.

Sa jedne strane, kada je Bog rekao: „Ja ću učiniti,“ ako mi verujemo i povinujemo se Njegovoj reči, mi ćemo dobiti odgovore. Sa druge strane, ako sumnjamo, testiramo Boga i ne uspevamo da budemo zahvalni već se umesto toga žalimo u vremenima iskušenja i patnji - u globalu, ako ne uspemo da verujemo u Božje obećanje - mi ne možemo da dobijemo Božje odgovore. Čak iako nam je Bog obećao: „Ja ću to učiniti,“ to obećanje može biti ispunjeno samo kada se čvrsto držimo tog obećanja i u molitvi i u delima. Ne može se reći za nekoga da ima veru ako ne traži i samo posmatra to obećanje i kaže: „Pošto je Bog tako rekao, tako će i biti.“ Niti može da dobije odgovor od Boga zato što tu ne postoje dela koja su praćena.

2. Mi moramo da tražimo da bi dobili Božje odgovore

Prvo, mi moramo da se molimo kako bi uništili zid koji stoji između Boga i nas.

Kada je Danilo bio zarobljen u Vavilonu nakon pada Jerusalima, on je naišao na pisma koja sadrže proročanstvo Jeremije i saznao je da će pustošenje Jerusalima trajati sedamdeset godina. Za vreme tih sedamdeset godina, kako je Danilo saznao, Izrael će služiti kralju Vavilona. Međutim kada su se završili tih sedamdeset godina, kralj Vavilona, njegovo kraljevstvo i zemlja Vavilonaca postali su prokleti i večito pusti zbog svojih grehova. Iako su Izraelci bili zarobljeni u Vavilonu u to vreme, Jeremijino proročanstvo da će oni postati nezavisni i da će se vratiti u rodnu zemlju nakon sedamdeset godina bio je trenutni izvor radosti i olakšanja za Danila.

Ipak, Danilo nije želeo iako je lako mogao, da podeli svoju radost sa njegovim prijateljima Izraelcima. Umesto toga, Danilo je obećao da će da se izjasni uz prisustvu Boga sa molitvom i preklinjanjem, sa postom, žaljenjem i pepelom. I on se pokajao zbog njegovih i grehova Izraelaca, zbog njihovih pogrešnih dela, što su bili zli, što su se pobunili i okrenuli od Božjih zapovesti i zakona (Danilo 9:3-19).

Bog je otkrio kroz Proroka Jeremiju ne kako će se ropstvo Izraelaca u Vavilonu završiti; On je samo prorokovao kraj ropstva nakon sedam decenija. Zato što je Danilo znao zakon duhovnog kraljevstva, on je bio veoma svestan da je zid koji je stojao između Izraela i Boga najpre trebao da bude uništen kako bi se Božja reč ispunila. Čineći tako, Danilo je pokazao svoju veru sa delima. Kako je Danilo postio i pokajao se - za njega i za preostale Izraelce - jer su činili loše protiv Boga a potom su i proklinjali, Bog je uništio zid, odgovorio Danilu, dao je Izraelcima „sedamdeset „sedam" [nedelja]" i otkrio mu i druge tajne.

Kako mi postajemo Božja deca koja traže u skladu sa Očevom rečju, mi bi trebali da razumemo da uništavanje zida greha predhodi dobijanju bilo kog odgovora na naše molitve i kao prioritet uništava taj zid.

Drugo, mi moramo da se molimo sa verom i u pokornosti.

U Izlasku 3:6-8 čitamo obećanje Boga ljudima Izraela, koji su u to vreme bili zarobljeni u Egiptu, da će ih On izvesti iz Egipta i voditi ka zemlji Hanan, zemlji u kojoj teče med i mleko. Hanan je zemlja koju je Bog obećao Izraelcima i koju će im dati u njihov posed (Izlazak 6:8). On je pod zakletvom obećao da će dati zemlju njihovim potomcima i zapovedio im da idu gore (Izlazak 33:1-3). To je obećana zemlja gde je Bog zapovedio Izraelcima da unište sve idole na tom mestu i upozorio ih da ne prave savez sa ljudima koji su već tamo živeli i sa njihovim bogovima, tako da Izraelci ne bi napravili zamku između sebe i njihovog Boga. Ovo je bilo obećanje od Boga koji uvek ispunjava ono što On obeća. Zašto onda Izraelci nisu mogli da uđu u zemlju Hanan?

U njihovoj neverici prema Bogu i Njegovoj moći, ljudi Izraela su gunđali protiv Njega (Brojevi 14:1-3) i nisu Mu se pokorili, zbog toga oni nisu uspeli da uđu u zemlju Hanan dok su stajali na njenom pragu (Brojevi 14:21-23; Poslanica Jevrejima 3:18-19). Ukratko, iako je Bog obećao Izraelcima zemlju Hanan, to obećanje nije imalo koristi ako oni nisu verovali niti se Njemu pokorili. Da su Njemu oni verovali i pokorili mu se, to obećanje bi bilo svakako ispunjeno. Na kraju, samo su Isus Navin i Halev koji su verovali u Božju reč, zajedno sa potomcima Izraela, mogli da uđu u Hanan (Isus Navin 14:6-12). Kroz istoriju Izraela, hajde da imamo u mislima da mi možemo da dobijemo Božje odgovore samo kada mi tražimo od Njega verujući u Njegovo obećanje i pokorni i da možemo da dobijemo Njegove odgovore tražeći od Njega sa verom.

Iako je sam Mojsije zasigurno verovao u Božje obećanje o Hananu, zato što Izraelci nisu verovali u Božju moć, čak je i *njemu bio* zabranjen ulazak u obećanu zemlju. Božje delo je nekad odgovor na veru jednog čoveka ali nekada odgovor dolazi samo kad svi koji su učesnici poseduju veru koja je potrebna za manifestaciju Njegovog dela. Sa ulaskom u Hanan, Bog je zahtevao veru svih Izraelaca, a ne samo veru Mojsija. Ipak, zato što On nije mogao da pronađe ovu vrstu vere među ljudima Izraela, Bog nije dozvolio njihov ulazak u Hanan. Imajte u mislima da kada Bog traži veru ne samo jednog pojedinca već svakoga koji je uključen, svi ljudi treba da se mole sa verom i u pokornosti i postanu jedno srce kako bi dobili Njegove odgovore.

Kada je žena koja je patila 12 godina od krvarenja primila isceljenje kad je dotakla plašt Isusa, On je pitao: „Ko se to dotače mojih haljina?" i imala je svoje svedočenje o njenom isceljenju ispred svih ljudi koji su se okupili (Jevanđelje po Marku 5:25-34).

Svedočenje pojedinaca o Božjim delima manifestovanim u njihovim životima pomaže drugima da njihova vera raste i jača ih do mere da se preoblikuju u ljude od molitve koji traže i dobijaju Njegove odgovore. Zato što dobijanje Božjih odgovora sa verom dozvoljava nevernicima da poseduju veru i sretnu živog Boga, to je zaista veličanstven način da se da slava Njemu.

Verovanjem i pokoravanjem rečju blagoslova koja se pronalazi u Bibliji i imajući u mislima da mi ipak treba da tražimo iako nam je Bog obećao: „Ja sam obećao i Ja ću učiniti,“ hajde da uvek dobijamo Njegove odgovore, postanemo Njegova blagoslovena deca i damo Njemu slavu sa svim onim što sadrži naše srce.

Poglavlje 3

Duhovni zakon u Božjim odgovorima

I [Isus] izišavši otide po običaju na goru Maslinsku;
a za Njim otidoše učenici Njegovi. A kad dođe na mesto,
reče im: „Molite se Bogu da ne padnete u napast.“
I sam odstupi od njih kako se može kamenom dobaciti,
i kleknuvši na kolena moljaše se Bogu:
„Kad bi hteo da proneseš ovu čašu mimo Mene;
ali ne Moja volja nego Tvoja da bude.“ A anđeo Mu se javi s
neba i krepi Ga. I budući u borenju, moljaše se bolje; znoj pak
Njegov beše kao kaplje krvi, koje kapahu na zemlju. I ustavši od
molitve dođe k učenicima svojim i nađe ih, a oni spavaju od
žalosti i reče im: Što spavate? Ustanite,
molite se Bogu da ne padnete u napast“

———— ❧ ————

(Jevanđelje po Luki 22:39-46).

Božja deca dobijaju spasenje i imaju pravo da dobiju od Boga sve što traže sa verom. Zbog toga mi čitamo u Jevanđelju po Mateju 21.22: *„I sve što uzištete u molitvi verujući, dobićete.“*

Ipak, mnogo ljudi se pita zašto ne dobijaju Božje odgovore posle molitve, pitaju se da li je njihova molitva došla do Boga, ili sumnjaju da li je uopšte Bog čuo njihovu molitvu.

Baš kao što mi treba da znamo prikladne metode i puteve da bi bez problema stigli do određene destinacije, samo kada mi postanemo svesni pravih metoda i puteva molitva mi možemo da dobijemo prikladne odgovore. Sama molitva ne garantuje Božje odgovore; mi moramo da naučimo zakon duhovnog kraljevstva u Njegovim odgovorima i molimo se u skladu sa tim zakonom.

Hajde da istražimo zakon duhovnog kraljevstva u Božjim odgovorima i njen odnos sa sedam Duhova Božjih.

1. Zakon duhovnog kraljevstva u Božjim odgovorima

Zato što je molitva traženje stvari koje želimo i koje su nam potrebne od svemogućeg Boga, mi možemo da dobijemo Njegov odgovor samo kada od Njega tražimo u skladu sa zakonom duhovnog kraljevstva. Ni jedan stepen čovekovog napora koji je zasnovan na njegovim mislima, metodama, slavi i znanjem, neće ga dovesti do Božjih odgovora.

Zato što je Bog pravedan Sudija (Psalmi 7:11), čuje naše molitve i odgovara na njih, On zahteva od nas primerenu sumu u zamenu za Njegove odgovore. Božji odgovor na naše molitve ne može da se uporedi sa porudžbinom mesa od mesara. Ako se mesar poredi sa Bogom, skala koju koristi može biti uređaj sa kojim Bog meri, zasnovana na zakonu duhovnog kraljevstva, da li on može ili ne da dobije Njegov odgovor.

Pretpostavimo da smo otišli u mesaru i da smo naručili dva kilograma govedine. Kada mu potražimo količinu mesa koju smo želeli, mesar meri meso i gleda da li je meso dostiglo količinu od dva kilograma. Ako je meso na skali dostiglo težinu od dva kilograma, mesar odbija od nas određenu sumu novca za dva kilograma mesa, pakuje meso i nama ga daje.

Na isti način, kada Bog odgovara na naše molitve, on obavezno dobija nešto od nas zauzvrat što garantuje Njegove odgovore. Ovo je zakon duhovnog kraljevstva u Božjim odgovorima.

Bog čuje naše molitve, prihvata od nas nešto od određene vrednosti i onda nam odgovara. Ako neko tek treba da dobije Božje odgovore na njegove molitve, to je zato što još nije Bogu predstavio izvesnu sumu primerenu Njegovim odgovorima. Zato što potreban iznos u dobijanju Njegovih odgovora varira u zavisnosti sadržaja nečije molitve, dok ne dobije vrstu vere sa kojom on može da dobije Božje odgovore, on mora da nastavi da se moli i da sakuplja tu potrebnu sumu. Iako mi ne znamo u detalje prikladnu sumu koju Bog zahteva od nas, On zna. Prema tome, kako mi obraćamo pažnju na glas Svetog Duha, mi moramo sa postom da tražimo od Boga neke stvari, neke stvari sa obećanom noćnom molitvom, druge sa molitvom sa suzama a opet druge sa ponudama sa zahvalnošću. Takva dela nagomilavaju sumu koja je potrebna u dobijanju Božjih odgovora, kao što nam On daje vrstu vere sa kojom mi možemo da verujemo i blagoslovi nas sa Njegovim odgovorima.

Čak iako dvoje ljudi izdvoje vreme i započnu sa obećanom molitvom, jedan dobija Božji odgovor odmah nakon što počne sa obećanom molitvom, dok druga ne uspeva da dobije Njegov odgovor iako je njeno vreme za obećanu molitvu došlo i prošlo. Kakvo objašnjenje mi možemo naći u ovoj različitosti?

Zato što je Bog mudar i i unapred pravi Njegove planove, ako Bog tvrdi da pojedinac poseduje srce koje će nastaviti da se moli sve dok se vreme za obećanu molitvu ne završi, On će odgovoriti na zahtev osobe odmah. Ipak, ako ne uspe da dobije Božji odgovor na problem sa kojim se ona sada suočava, to je zato što ona nije uspela da pruži Bogu prikladnu sumu za Njegove odgovore. Kada mi obećamo da ćemo se moliti određeni period, mi bi trebali da znamo da je Bog poveo naše srce kako bi On dobio određenu sumu molitve za Njegove odgovore. Stoga, ako mi ne uspemo da skupimo tu sumu, mi nećemo dobiti Božje odgovore.

Na primer, ako se neko moli za svoju buduću suprugu, Bog mu traži odgovarajuću mladu i priprema se da Njegova dela za čoveka čine dobro u svemu. To ne znači da će se odgovarajuća mlada pojaviti pred njegovim očima, iako on još uvek nije u godinama za brak samo zato što se on molio za nju. Jer Bog odgovara onima koji veruju da su primili Njegove odgovore, u vreme po Njegovom izboru On će otkriti njima Svoja dela. Ipak, kada nečija molitva nije u skladu sa Njegovom voljom, nikakva količina molitve neće garantovati Božje odgovore. Ako je taj isti čovek zahtevao i molio se da njegova buduća mlada ima takve preduslove kao što su obrazovno poreklo, izgled, bogatstvo, slavu i slično – drugim rečima, molitva ispunjena pohlepom formiranom u njegovom umu – Bog mu neće odgovoriti.

Čak iako se dvoje ljudi mole Bogu sa potpuno istim problemom, zbog toga što je njihov stepen posvećenosti i mera vere kojom potpuno mogu verovati različita, količina molitve koju Bog prima je takođe različita (Otkrovenje Jovanovo 5:8). Jedan može primiti Božje odgovore za mesec dana, dok će ih drugi primiti za jedan dan.

Čak štaviše, što je veći značaj Božjih odgovora na nečiju molitvu, to veća količina molitve mora biti. U skladu sa zakonom duhovnog carstva, velika posuda će biti testirana u većem obimu i izaći će kao zlato, dok će mala posuda biti testirana u manjem obimu i malo će vredeti Bogu. Zbog toga, niko ne treba da sudi drugima i reći: „Pogledajte sve njegove nevolje uprkos njegovoj vernosti!" i razočarati Boga na bilo koji način. Među našim praocima vere, Mojsije je bio testiran 40 godina, a Jakov 20 godina, a mi znamo kako je svaki od njih postao pogodan u Božjim očima i bili su korišćeni za Njegov veliki cilj nakon što su izdržali dotična suđenja. Pomislite na proces u kome je formiran nacionalni fudbalski tim i koji je trenirao. Ako su veštine određenog igrača vredne da ga stave na spisak, samo nakon mnogo vremena i truda uloženog u trening biće on u mogućnosti da predstavlja svoju zemlju.

Bez obzira na to da li je odgovor koji tražimo od Boga veliki ili mali, mi moramo dirnuti Njegovo srce da bismo primili odgovore. Moleći se da primimo sve što tražimo, Bog će biti ganut i odgovoriti nam kada Njemu damo onu količinu molitve koja dolikuje, kada očistimo naša srca i nemamo zid greha koji stoji između Boga i nas i kada mu damo zahvalnost, radost, žrtve paljenice i slično, kao znak naše vere u Njega.

2. Odnos između Zakona duhovnog kraljevstva i sedam Duhova

Kao što smo unapred ispitali sa metaforom mesara i njegove lestvice, skladno zakonu duhovnog carstva Bog meri količinu svačije molitve bez greške i određuje da li je neko sakupio količinu molitve koja dolikuje. Dok mnogi ljudi donose sud o nekoj stvari samo na osnovu onoga što mogu videti svojim očima, Bog pravi preciznu procenu sa sedam Duhova Božjih (Otkrovenje Jovanovo 5:6). Drugim rečima, kada je neko proglašen kvalifikovanim od strane sedam Duhova, njemu se daju Božji odgovori na molitvu.

Šta mere sedam Duhova?

Prvo, sedam Duhova mere nečiju veru.

U veri, postoje „duhovna vera" i „telesna vera." Ona vera koju sedam Duhova mere nije vera znanja – telesna vera – već duhovna vera koja je živa i koju prate dela (Jakovljeva Poslanica 2:22). Na primer, postoji scena u Jevanđelju po Marku u poglavlju 9 u kojoj otac deteta koje su zaposeli demoni i koji su ga učinili nemim, dolazi pred Isusa (Jevanđelje po Marku 9:17). Otac je rekao Isusu: „Ja verujem, pomozi mojoj neverici!" Ovde je otac priznao svoju telesnu veru, govoreći: „Ja verujem" i tražio od Njega duhovnu veru, govoreći: „Pomozi mojoj neverici!" Isus je odmah odgovorio ocu i iscelio dečaka (Jevanđelje po Marku 9:18-27).

Nemoguće je udovoljiti Bogu bez vere (Poslanica Jevrejima 11:6). Ipak, pošto možemo ispuniti želje naših srca kada Njemu udovoljimo, pomoću vere koja može udovoljiti Bogu, mi možemo ispuniti želje naših srca. Zbog toga, ako ne primimo Božje odgovore iako nam je On obećao: „Biće ti ispunjeno jer si verovao," to znači da naša vera još uvek nije potpuna.

Drugo, sedam Duhova mere nečiju radost.

Jer u 1. Solunjanima Poslanica 5:16 se govori da se uvek radujemo, Božja je volja da se uvek radujemo. Umesto da budemo radosni u teškim vremenima, mnogi se Hrišćani danas nalaze ograničeni u nervozi, strahu i brizi. Ako istinski veruju u živog Boga celim svojim srcem, oni uvek mogu biti radosni bez obzira na situaciju u kojoj se nalaze. Oni mogu biti radosni u revnosnoj nadi koja leži u večnom nebeskom carstvu , a ne u ovom svetu koji će za kratko vreme proći.

Treće, sedam Duhova mere nečiju molitvu.

Zbog toga što nam Bog govori da se neprestano molimo (1. Solunjanima Poslanica 5:17) i obećava da će dati onima koji od

Njega traže (Jevanđelje po Mateju 7:7), jedino što ima smisla je da ćemo od Boga primiti ono što tražimo u molitvi. Molitva kakvom je Bog zadovoljan podrazumeva da se uobičajeno molimo (Jevanđelje po Luki 22:39) i da klečimo dok se molimo u skladu sa Božjom voljom. Sa takvim stavom i držanjem, prirodno ćemo prizvati Boga celim našim srcem i naša će molitva biti sa verom i ljubavlju. Bog ispituje ovakvu vrstu molitve. Mi ne treba da se molimo samo kada nešto želimo, ili kada smo žalosni i da mumlamo u molitvi, već da se molimo u skladu sa Božjom voljom (Jevanđelje po Luki 22:39-41).

Četvrto, sedam Duhova mere nečiju zahvalnost.

Zbog toga što Bog zapoveda da se zahvaljujemo u svemu (1. Solunjanima Poslanica 5:18), svako sa verom trebao da prirodno daje zahvalnost u svemu celim svojim srcem. Pošto nas je On pomerio sa puta uništenja na put večnog života, kako da ne budemo zahvalni? Mi treba da budemo zahvalni Božjim susretima sa onima koji iskreno tragaju za Njim i Njegovim odgovorima onima koji od Njega traže. Štaviše, čak iako se susretnemo sa teškoćama tokom našeg kratkog života na ovom svetu, mi treba da budemo zahvalni jer naša nada počiva u večnim nebesima.

Peto, sedam Duhova da li se neko pridržava ili ne Božjih zapovesti.

1. Jovanova Poslanica 5:2-3 nam govori: „*I po tom razumemo da Ga poznasmo, ako zapovesti Njegove držimo,*" a Njegove

zapovesti nisu teške (1.Jovanova Poslanica 5:3). Nečija uobičajena molitva na kolenima i dozivanje Boga u molitvi je molitva ljubavi koja potiče iz njegove vere. Njegovom verom i ljubavlju ka Bogu, on će se moliti u skladu sa Božjom rečju.

Ipak, mnogo ljudi se žali na nedostatak Božjih odgovora kada se mole ka zapadu iako ih Biblija uči: „Idite ka istoku." Sve što oni treba da urade je da veruju u ono što im Biblija govori i da se povinuju. Zbog toga što brzo ostavljaju Božju reč na stranu, procenjuju svaku situaciju prema sopstvenim mislima i teorijama i mole se u skladu iz sopstvene koristi, Bog okreće od njih Njegovu glavu i ne odgovara im. Pretpostavimo da ste obećali da ćete se sresti sa vašim prijateljem na železničkoj stanici, a umesto toga ste krenuli autobusom za Njujork. Koliko god čekali na autobuskoj stanici, nikako nećete biti u mogućnosti da se sretnete sa vašim prijateljem. Ako ste otišli na zapad iako vam je Bog rekao: „Idite ka istoku," ne možete reći da ste poslušali Njega. Ipak, tragično je i srceparajuće videti toliko mnogo Hrišćana koji poseduju takvu veru. To nije ni vera ni ljubav. Ako kažemo da volimo Boga, prirodno je da slušamo Njegove zapovesti (Jevanđelje po Jovanu 14:15; 1.Jovanova Poslanica 5:3).

Ljubav prema Bogu će vas nagoniti da se molite revnosnije i posvećenije. Ovo će zauzvrat doneti plodove spasa naših duša i evangelizacije i dostići će Božje kraljevstvo i pravednost. A vaša duša će napredovati i primićete snagu molitve. Zbog toga što primate odgovor i dajete slavu Bogu i zbog toga što verujete, sve će to biti nagrađeno na nebesima, vi ćete biti zahvalni i nećete se iscrpeti. Prema tome, ako posedujemo veru u Boga, za nas je sasvim prirodno da poštujemo deset Zapovesti, sažeto iz šezdeset šest knjiga Biblije.

Šesto, sedam Duhova mere nečiju vernost.

Bog ne želi da budemo verni samo u određenoj oblasti, već da verujemo celoj Njegovoj kući. Dalje, kao što je zapisano u 1. Korinćanima Poslanici 4:2: *„A od pristava se ne traži više ništa, nego da se ko veran nađe,"* podesno je za one sa Bogom-danim dužnostima da traže od Boga da ih osnaži da bi bili verni u svemu i pouzdani od ljudi oko njih. Uz to, oni treba da traže vernost kod kuće i na poslu i kako streme da budu verni u svemu u čemu učestvuju, njihovo poštenje mora biti ispunjeno u istini.

Sedmo i poslednje, sedam Duhova mere nečiju ljubav.

Iako je neko kvalifikovan shodno ovim standardima koje smo naveli, Bog nam govori da bez ljubavi mi smo „ništa" do „činela koja zveckaju" i da je najveća među verom, nadom i ljubavlju, ljubav. Štaviše, Isus je ispunio pravilo ljubavi (Poslanica Rimljanima 13:10), a za nas kao za Njegovu decu je jedino ispravno da volimo jedni druge.

Da bismo dobili Božje odgovore na našu molitvu, mi se prvo moramo kvalifikovati mereno standardima sedam Duhova. Da li to znači da novi vernici, koji još uvek nisu spoznali istinu, nisu u mogućnosti da prime Božje odgovore?

Pretpostavimo da dete koje ne može govoriti, jednog dana vrlo jasno izgovori: „Mama!" Njegovi roditelji bi bili tako oduševljeni i dali bi svom detetu šta god poželi.

Po istom principu, pošto postoje različiti nivoi vere, sedam Duhova mere svaku ponaosob i odgovaraju u skladu sa tim. Zbog toga, Bog je ganut i oduševljeno odgovara novajliji kada pokaže imalo vere. Bog je ganut i oduševljen da odgovori kada su vernici drugog ili trećeg stepena vere nakupili svoju meru vere koja dolikuje. Vernici četvrtog ili petog stepena vere, pošto žive po Božjoj volji i mole se Njemu na još revnosniji način, se odmah kvalifikuju od strane sedam Duhova i primaju Božje odgovore mnogo brže.

Sveukupno, što je veći stepen vere u kome se neko nalazi – pošto je svesniji zakona duhovnog kraljevstva i živi po njemu – brže prima Božje odgovore. Ipak, iz kojih razloga novajlije češće primaju Božje odgovore brže? Po milosti koju prima od Boga, novi vernik postaje ispunjen Svetim Duhom i kvalifikuje se u očima sedam Duhova, te zbog toga brže prima Božje odgovore.

Ipak, kako on dublje ulazi u istinu on postaje lenj i postepeno gubi prvu ljubav jer se žar koji je nekad imao ohladio i razvija se tendencija „izmišljanja koja se čine usput."

U našem žaru za Bogom, postanimo odgovarajući u očima sedam Duhova tako što ćemo revnosno živeti u istini, primati od našeg Oca sve što ištemo u molitvi i voditi blagoslovene živote u kojima ćemo Njega slaviti!

Poglavlje 4

Uništite zid greha

Gle, nije okraćala ruka GOSPODNJA

da ne može spasti; Niti je otežalo uho Njegovo

da ne može čuti.

Nego bezakonja vaša rastaviše

vas s Bogom vašim,

i gresi vaši zakloniše lice Njegovo od vas,

da ne čuje

(Isaija 59:1-2).

Bog govori Njegovoj deci u Jevanđelju po Mateju 7:7-8: *„Ištite, i daće vam se; tražite, i naći ćete; kucajte, i otvoriće vam se. Jer svaki koji ište, prima; i koji traži, nalazi; i koji kuca, otvoriće mu se"* i obećava da će odgovoriti njihovim molitvama. Ipak, zašto mnogi ljudi ne uspevaju da dobiju Božje odgovore uprkos Njegovom obećanju?

Bog ne čuje molitve grešnika; On okreće svoju glavu od njih. On takođe nije u mogućnosti da odgovori na molitvu ljudi koji imaju zid greha koji stoji na njihovom putu ka Bogu. Zbog toga, da bi smo uživali u dobrom zdravlju i da bi sve išlo dobro po nas, čak iako naša duša napreduje, uništavanje zida greha koji blokira naš put ka Bogu mora biti naš prioritet.

Istraživanjem različitih elemenata koji su učestvovali u izgradnji zida greha, ja podstičem svakog od vas da postane Božje blagosloveno dete koje će okajati svoje grehe ako postoji zid greha između Boga i njega samog, da primi sve što traži od Boga u molitvi i da Njega slavi.

1. Uništite zid greha zbog vašeg neverovanja u Boga i neprihvatanja Gospoda kao vašeg Spasitelja

Biblija nalaže da je greh za bilo koga ko ne veruje u Boga i ko ne prihvata Isusa Hrista za svog Spasitelja (Jevanđelje po Jovanu 16:9). Mnogi ljudi govore: „Ja sam bezgrešan jer sam vodio dobar život," ali u duhovnom ne znanju oni prave takve primedbe bez da poznaju prirodu greha. Jer Božja reč nije u njihovom srcu, ove osobe ne znaju razliku između istinsko ispravnog i istinsko pogrešnog i ne mogu razlikovati dobro od zla. Čak štaviše, bez poznavanja istinske pravednosti, ako im standardi ovoga sveta kažu: „Ti nisi zao," oni bez rezerve mogu reći da su dobri. Bez obzira na to koliko neko misli da je vodio dobar život, kada pogleda iza sebe na svoj život pod svetlošću Božje reči nakon što je prihvatio Isusa Hrista, on otkriva da njegov život uopšte nije bio „dobar." To je zato što on shvata da to što nije verovao u Boga i prihvatio Isusa Hrista je najveći od svih grehova. Bog je u obavezi da odgovori na molitve ljudi koji su prihvatili Isusa Hrista i koji su postali Njegova deca, jer Božja deca imaju prva da prime Njegove odgovore na svoje molitve shodno Njegovom obećanju.

Razlog zbog koga Božja deca – koja veruju u Njega i koja su prihvatila Isusa Hrista kao svog Spasitelja – nisu u mogućnosti da prime odgovore na svoje molitve jeste to što nisu u mogućnosti da prepoznaju postojanje zida, koji je proizašao iz njihovog greha i zla i koji stoji između Boga i njih samih. Zbog toga čak i kada oni poste ili ostaju budni cele noći u molitvi, Bog okreće Njegovo lice od njih i ne odgovora na njihovu molitvu.

2. Uništite greh zbog neuspeha da volite jedni druge

Bog nam govori da je prirodno za Njegovu decu da vole jedni druge (1. Jovanova Poslanica 4:11). Uz to, zbog toga što nam On govori da volimo čak i naše neprijatelje (Jevanđelje po Mateju

5:44), to što ćemo mrzeti našu braću umesto da ih volimo je neposlušnost Božje reči i predstavlja greh.

Zbog toga što je Isus Hrist pokazao Njegovu ljubav kroz raspeće za čovečanstvo, koje je bilo ograničeno u grehu i zlu, za nas je ispravno da volimo naše roditelje, braću i decu. Ipak, smrtni je greh pred Bogom gajiti tako beznačajna osećanja kao što su mržnja i nevoljnost da oprostimo jedni drugima. Bog nam nije zapovedio da pokažemo Njemu takvu vrstu ljubavi zbog koje je Isus Hrist umro na krstu da bi iskupio ljudske grehe; On je samo tražio od nas da pretvorimo mržnju u oproštaj za druge. Zašto je onda, to tako teško?

Bog nam govori da svako ko mrzi svoju braću je „ubica" (1. Jovanova Poslanica 3:15) i da će nas na isti način tretirati naš Otac ako ne oprostimo našoj braći (Jevanđelje po Mateju 18:35) i podstiče nas da gajimo ljubav i da se klonimo gunđanja protiv naše braće da izbegnemo osudu (Jakovljeva Poslanica 5:9).

Jer Sveti Duh stanuje u svakom od nas, ljubavlju Isusa Hrista koji je razapet i koji nas je iskupio od naših grehova iz prošlosti, sadašnjosti, i budućnosti, mi možemo voleti sve ljude kada se pokajemo pred Njim, okrenemo se od naših puteva i primimo Njegov oproštaj. Jer ljudi ovoga sveta ne veruju u Isusa Hrista, ipak, nema oproštaja za njih čak i ako se pokaju i oni nisu sposobni da dele istinsku ljubav jedni sa drugima bez vođstva Svetog Duha.

Čak iako vas vaš brat mrzi, vi morate da posedujete takvo srce koje stoji pored istine, razumete i oprostite mu i molite se za njega u ljubavi da i sami ne postanete grešnik. Ako mi mrzimo našu braću umesto da ih volimo, mi ćemo zgrešiti pred Bogom, izgubićemo obilje Svetog Duha, postaćemo jadni i budalasti provodeći sve naše dane kukajući. Ne treba ni da očekujemo da će Bog odgovoriti na našu molitvu.

Samo uz pomoć Svetog Duha možemo doći do ljubavi, razumevanja i oprostiti našoj braći i primiti od Boga šta god tražili u molitvi.

3. Uništavanje zida greha u nepoštovanja Božjih Zapovesti

U Jevanđelju po Jovanu 14:21 Isus nam govori: *„Ko ima zapovesti moje i drži ih, on je onaj što ima ljubav k meni; a koji ima ljubav k meni imaće k njemu ljubav Otac moj; i ja ću imati ljubav k njemu, i javiću mu se sam.“* Iz ovog razloga 1. Jovanova Poslanica nam govori: *„Ljubazni, ako nam srce naše ne zazire, slobodu imamo pred Bogom“* Drugim rečima, ako je zid greha nastao usled neposlušnosti Božjih zapovesti, mi ne možemo dobiti Njegove odgovore na našu molitvu. Samo kada Božja deca slušaju zapovesti svog Oca i čine da Njemu udovolje mogu od Njega tražiti sve što žele sa uverenjem da će primiti sve što traže.

1. Jovanova Poslanica 3:24 nas podseća: *„I koji drži zapovesti Njegove u Njemu stoji, i On u njemu. I po tom poznajemo da stoji u nama, po Duhu koga nam je dao.“* On naglašava da samo onda kada je srce ispunjeno istinom potpunim predavanjem

našeg srca Gospodu i kada ono živi vodeći se Svetim Duhom, može primiti sve što traži i njegov će život biti uspešan u svakom pogledu.

Na primer, ako u nečijem srcu postoji stotinu soba i on svih sto preda Gospodu, njegova duša će napredovati i primiće blagoslov da sve ide dobro po njega. Ipak, ako ista osoba preda Gospodu pedeset soba u svom srcu a ostale koristi za sebe, on neće moći uvek primiti Božje odgovore jer će primiti vođstvo Svetog Duha samo pola vremena, jer on koristi ostalih pedeset da preispituje Boga u svojim mislima ili u skladu sa strastvenim žudnjama mesa. Jer naš Gospod stanuje u svakom od nas, čak i ako je pred nama neka prepreka, On nas jača da je zaobiđemo ili da je pregazimo. Čak iako idemo dolinom senki, On nam daje način da to izbegnemo, radi za naše dobro u svim stvarima i vodi naše puteve ka napretku.

Kada udovoljavamo Bogu poštujući Njegove zapovesti, mi živimo u Bogu i On živi u nama i mi možemo slaviti Njega jer primamo sve što tražimo u molitvi. Hajde da uništimo zid greha u nepoštovanju Božjih zapovesti, počnimo ih poštovati, postanimo pouzdani pred Bogom i slavimo Njega primajući sve što tražimo.

4. Uništite zid greha zbog molitve da bi zadovoljili vašu strast

Bog nam govori da sve što radimo u životu, radimo u Njegovu

slavu (1. Korinćanima Poslanica 10:30). Ako se molimo za bilo šta osim za Njegovu slavu, mi želimo da ispunimo naše žudnje i čežnje mesa i ne možemo primiti odgovore na takve zahteve (Jakovljeva Poslanica 4:3).

S jedne strane, ako tražite materijalni blagoslov za Božje carstvo i Njegovu pravednost, olakšanje za siromašne i nastojanje za spas duša, primićete Božje odgovore jer vi u stvari tražite Njegovu slavu. Sa druge strane, ako tražite materijalni blagoslov u nadi da se hvalite bratu koji vas prekoreva: „Kako možeš biti siromašan ako ideš u crkvu?" vi se u stvari molite u skladu sa tim da zlo zadovolji vaše žudnje i neće biti odgovora na vašu molitvu. Čak i na ovom svetu, roditelji koji istinski vole svoje dete neće mu dati 100 dolara da rasipa tek tako. Po istom principu, Bog ne želi da Njegova deca hodaju pogrešnim putem i iz tog razloga On ne odgovara na svaki zahtev koji Njegova deca imaju.

1. Poslanica Jovanova 5:14-15 nam govori: „*I ovo je sloboda koju imamo k Njemu da ako šta molimo po volji Njegovoj posluša nas.*" I kad znamo da nas sluša šta god molimo, znamo da će nam dati šta tražimo od Njega." Samo onda kada odbacimo naše žudnje i molimo se u skladu sa Božjom voljom i za Njegovu slavu, primićemo sve što od Njega tražimo u molitvi.

5. Uništite zid greha zbog sumnje u molitvi

Jer Bog je zadovoljan kada pokažemo Njemu našu veru, bez vere je nemoguće udovoljiti Bogu (Jevrejima Poslanica 11:6).

Čak i u Bibliji možemo naći mnoge primere u kojima su Božji odgovori našli put ka ljudima koji su Njemu pokazali veru (Jevanđelje po Mateju 20:29-34; Jevanđelje po Marku 5:22-43, 9:17-27, 10:46-52). Kada ljudi omanu da pokažu svoju veru u Boga, oni su prekorevani zbog svoje „slabe vere" čak iako su Isusovi učenici (Jevanđelje po Mateju 8:23-27). Kada su ljudi pokazali svoju ogromnu veru u Njega, čak su se i nejevreji predali (Jevanđelje po Mateju 15:28).

Bog prekoreva one koji nisu u stanju da veruju ili koji i najmanje sumnjaju (Jevanđelje po Marku 9:16-29) i govori nam da ako gajimo i gram sumnje dok se molimo, ne treba da mislimo da ćemo primiti bilo šta od Gospoda (Jakovljeva Poslanica 6-7). Drugim rečima, čak i ako se molimo cele noći, ako je naša molitva ispunjena sumnjama, ne treba ni da očekujemo da ćemo primiti Božje odgovore.

Šta više, Bog nas podseća: *„Imajte veru Božju; jer vam zaista kažem: ako ko reče gori ovoj: „Digni se i baci se u more" i ne posumnja u srcu svom, nego uzveruje da će biti kao što govori: biće mu šta god reče. Zato vam kažem, sve što ištete u svojoj molitvi verujte da ćete primiti; i biće vam"* (Jevanđelje po Marku 11:23-24).

Jer: *„Bog nije čovek da laže, ni sin čovečji da se pokaje"* (Brojevi 23:19), kao što je Bog zaista obećao odgovoriće na molitve svih onih koji veruju i traže za Njegovu slavu. Ljudi koji vole Boga i poseduju veru obavezuju se da veruju i da traže Božju slavu i zbog toga im je rečeno da traže šta god žele. Pošto veruju, traže i primaju Božje odgovore za sve što traže, ovi ljudi mogu Bogu podariti slavu. Hajde da se rešimo svih sumnji i verujmo, tražimo i primićemo od Boga da bismo Njemu podarili slavu sadržaja naših srca.

6. Uništite zid greha jer niste sejali pred Bogom

Kao Vladalac svega u univerzumu, Bog je uspostavio zakon duhovnog kraljevstva i kao pravedni Sudija On vodi sve na ustaljeni način.

Kralj Darije nije mogao spasiti svog voljenog slugu Danila iz lavovske jazbine, zato što iako je kralj, nije mogao da ne posluša dekret koji je sam sastavio. Isto tako, Bog ne može da ne posluša zakon duhovnog kraljevstva koji je On Sam uspostavio, sve u univerzumu se vodi sistematski pod Njegovim nadzorom. Zbog toga: „Bog nije ismevan" i dozvoljava čoveku da žanje ono što je posejao (Poslanica Galaćanima 6:7). Ako jedan seje molitvu, primiće duhovni blagoslov; ako seje svoje vreme, primiće blagoslov dobrog zdravlja; ako seje darove, Bog će ga sačuvati od nevolja na poslu, radu, kod kuće i dobiće još veće materijalne blagoslove.

Kada sejemo pred Bogom na različite načine, On odgovara na našu molitvu i daje nam sve što tražimo. Ako revnosno sejemo pred Bogom, nećemo imati samo bogate plodove već ćemo primiti svo što od Njega tražimo u molitvi.

Pored šest navedenih zidova greha, „greh“ uključuje i takve želje i dela mesa kao nepravednost, zavidnost, bes, ljutnja i gordost, ne boreći se protiv grehova do tačke prolivanja krvi i ne biti revnosan za kraljevstvo Božje. Učeći i razumevajući različite faktore koji izgrađuju zid koji stoji između Boga i nas, hajde da uništimo zid greha i primamo uvek Božje odgovore, tako što ćemo slaviti Njega. Svako od nas bi trebalo da postane vernik koji uživa u dobrom zdravlju i neka nam sve ide od ruke iako naša duša napreduje.

Zasnovano na Božjoj reči nađenoj u Isaija 59:1-2, mi smo ispitali brojne faktore koji izgrađuju zid koji stoji između Boga i nas. Neka svako od vas postane blagosloveno Božje dete koje najpre razume prirodu ovog zida, uživa u dobrom zdravlju i čiji svaki posao uspeva čak i ako njegova duša napreduje i slavi našeg nebeskog Oca primajući sve što traži u molitvi, u ime Isusa Hrista ja se molim!

Poglavlje 5

Požnjećete ono što ste posejali

Ovo pak velim: koji s tvrđom seje,
s tvrđom će i požnjeti; a koji blagoslov seje, blagoslov će i
požnjeti. Svaki po volji svog srca, a ne sa žalošću ili od nevolje;
jer Bog ljubi onog koji dragovoljno daje

(2. Korinćanima Poslanica 9:6-7).

Svake jeseni, možemo videti mnoštvo zlatnih talasa zrelih biljaka pirinča u polju. Da bi se ove biljke pirinča požnjele, mi znamo da je trebalo mnogo teškog rada i posvećenosti seljaka od sađenja semena, gajenja i negovanja biljaka tokom proleća i leta.

Seljak koji ima veliko polje i seje mnogo semena mora mukotrpnije da radi od seljaka koji seje manje semena. Ali u nadi da će požnjeti mnogo useva on radi marljivije i napornije. Kao što zakon prirode diktira da: „Jedan žanje kao što je posejao,“ mi treba da znamo da zakon Boga, koji je vlasnik duhovnog kraljevstva prati isti obrazac.

Među današnjim hrišćanima, neki i dalje traže od Boga da ispuni njihove želje bez sejanja, dok se ostali žale na nedostatak Njegovih odgovora uprkos mnogim molitvama. Iako Bog želi da da Njegovoj deci preobilne blagoslove i da da odgovore na svaki od njihovih problema, čovek često ne uspeva da razume zakon sejanja i žetve i zbog toga ne prima ono što želi od Boga.

Zasnovano na zakonu prirode koji nam govori: „Kako seješ tako ćeš i žnjeti,“ saznajmo šta treba da sejemo i kako da sejemo da bismo uvek primali Božje odgovore i slavimo Njega bez rezervno.

1. Polje prvo mora biti kultivisano

Pre nego poseje seme, seljak mora obraditi polje u kome će raditi. On uklanja kamenje, ravna zemlju i stvara okolinu i uslove u kojima seme može prikladno rasti. Shodno posvećenosti seljaka i teškom radu, čak i opustošena zemlja može biti pretvorena u plodno tlo.

Biblija poredi srce svake osobe sa poljem i kategoriše ga u četiri različite vrste (Jevanđelje po Mateju 13:3-9).

Prvi tip je „polje pored puta."

Zemljište polja pored puta je čvrsto. Osoba sa takvim srcem ne odlazi u crkvu ali ni nakon što je čula reč, ne otvara vrata svog srca. Zbog toga, ona nije u mogućnosti da spozna Boga i zbog nedostatka vere, ne uspeva da bude prosvetljena.

Drugi tip je „kamenito polje."

U tom kamenitom polju, zbog kamenja u polju, pupoljci ne mogu rasti odgovarajuće. Osoba sa takvim srcem poznaje reč samo kao znanje i njena vera ne prati dela. Jer njoj nedostaje sigurnost vere, ona brzo pada u trenucima iskušenja i patnje.

Treći tip je „trnovito polje."

U tom trnovitom polju, zbog toga što trnje narasta i guši biljke, dobri plodovi ne mogu biti požnjeti. Osoba sa takvim srcem veruje u Božju reč i pokušava da živi po njoj. Ali on ne čini u skladu sa Božjom voljom, već u skladu sa željama mesa. Jer je rast reči posejanim u njegovom srcu pomešan sa iskušenjem posedovanja i profitiranja ili sa brigama ovog sveta, on ne može ubrati plodove. Iako se on moli, oa se ne može pouzdati u „nevidljivog" Boga i zato brzo uključuje svoje misli i načine. Zbog toga ne uspeva da iskusi Božju moć jer On može takvu osobu gledati samo iz daleka.

Četvrti tip je „dobra zemlja."

Vernik sa ovakvim dobrim poljem samo govori „Amin" na sve što je Božja reč i sluša sa verom bez mešanja njegovih sopstvenih misli i kalkulacija. Kada je seme posejano u ovo dobro tlo, ono dobro raste i daje plodove sto puta, šezdeset ili trideset puta više nego što je posejano.

Isus je samo rekao „Amin" i bio je veran reči Božjoj (Filipljanima 2:5-8). Na isti način, osoba sa „dobrim tlom" srca je bezuslovno verna Božjoj reči i živi po njoj. Ako mu Njegova reč govori da uvek bude radostan, on je radostan u svim okolnostima. Ako mu Njegova reč kaže da se stalno moli, on se neprestano moli. Osoba koja poseduje „dobru zemlju" srca može uvek razgovarati sa Bogom, primiti šta god traži u molitvi i živeti po Njegovoj volji.

Bez obzira na to kakvu vrstu polja mi imamo sada, uvek ga možemo pretvoriti u dobru zemlju. Možemo uzorati kamenito polje i povaditi kamenje, ukloniti trnje i oploditi svako polje.

Kako možemo kultivisati naša srca u „dobru zemlju"?

Prvo, moramo služiti Bogu u duhu i istini.

Mi moramo predati Bogu naš um, volju, posvećenost i snagu i u ljubavi mu ponuditi naše srce. Samo tada ćemo biti sačuvani od zaludnih misli, zamora, i dremljivosti i bićemo u stanju da preokrenemo naša srca u dobro zemljište pomoću moći koja dolazi odozgo.

Drugo, mi moramo odbaciti naše grehe do tačke prolivanja krvi.

Kada se potpuno pokoravamo Božjoj reči, uključujući i zapovesti „Čini ovo" i „Nemoj da radiš ono" i kada živimo po njima, naše srce će se postepeno preokrenuti u dobro tlo. Na primer, kada su zavist, ljubomora, mržnja i slično otkriveni, samo pri strasnoj molitvi može se naše srce pretvoriti u dobru zemlju.

Koliko god ispitivali polje našeg srca i marljivo ga kultivisali, naša vera sve više raste i u Božjoj ljubavi svaki naš napor ide dobro. Mi moramo revnosno kultivisati našu zemlju jer što više živimo po Božjoj reči, sve više raste naša duhovna vera. Što više raste naša duhovna vera, više „dobre zemlje" možemo posedovati. Za ovo mi moramo kultivisati naše srce sve revnosnije.

2. Različita semena moraju biti posejana

Jednom kad je zemlja kultivisana, seljak počinje da seje seme. Kao što mi uzimamo različitu vrstu hrane da bismo u ravnoteži održavali naše zdravlje, seljak sadi i gaji takvo različito seme kao što je pirinač, pšenica, povrće, grašak i slično.

U sejanju pred Bogom, mi ćemo sejati mnogo različitih stvari. „Sejanje" se duhovno odnosi na poslušnost, među Božjim zapovestima, ono što nam On govori da „Uradimo." Na primer, ako nam Bog kaže da se uvek radujemo, mi možemo sejati našom radošću koja isparava iz naših nada za nebesima i ovom radošću Bog je oduševljen i On nam daje želje našeg srca (Psalmi 37:4). Ako nam On kaže da „propovedamo jevanđelje," mi moramo brižljivo širiti Božju reč. Ako nam On kaže da „Volimo jedni druge," „Da budemo verni," „Da budemo zahvalni," i „Da se molimo," mi treba da uradimo tačno i brižljivo to što nam je rečeno.

Prema tome, živeći u skladu sa Božjom rečju plaćajući desetak i čuvajući Sabat kao sveti, je akt sejanja pred Njim, ono što sejemo može napupiti, dobro rasti, cvetati, i doneti obilje plodova.

Ako smo posejali štedljivo, nevoljno, ili pod prisilom, Bog ne prihvata naš trud. Kao što seljak seje svoje seme u nadi da će žetva biti dobra u jesen, po veri mi moramo takođe verovati i fiksirati naše oči na Boga koji nas blagoslovi sa sto, šezdeset, ili trideset puta više nego što smo posejali.

Poslanica Jevrejima 11:6 nam govori: „A bez vere nije moguće ugoditi Bogu; jer onaj koji hoće da dođe k Bogu, valja da veruje da ima Bog i da plaća onima koji Ga traže." Stavljajući naše poverenje u Njegovu reč, kada pogledamo u našeg Boga koji nas nagrađuje i kada sejemo pred Njim, mi možemo žnjeti u izobilju u ovom svetu i čuvati naše nagrade u nebeskom kraljevstvu.

3. Polje mora biti negovano u istrajnosti i posvećenosti

Nakon sejanja semena, seljak neguje polje sa najvećom

pažnjom. On zaliva biljke, čupa korov i hvata bube. Bez takvih napora za očuvanjem, biljke mogu niknuti ali će se osušiti i umreti pre nego što donesu plodove.

Duhovno, „voda" označava Božju reč. Kao što nam je Isus rekao u Jevanđelju po Jovanu 4:14: *„A koji pije od vode koju ću mu Ja dati neće ožedneti doveka; nego voda što ću mu Ja dati biće u njemu izvor vode koja teče u život večni,"* voda simbolizuje večni život i istinu. „Hvatanje buba" označava čuvanje Božje reči posađene u našem polju srca protiv neprijatelja đavola. Kroz službu, slavu i molitvu punoća u našem srcu može biti održana čak iako neprijatelj đavo dođe da se umeša u rad na našem polju.

„Čupanje korova" je proces u kome mi odbacujemo neistine kao što su bes, mržnja i slično. Kada se predano molimo i kada težimo da odbacimo bes i mržnju, bes se iskorenjuje dok seme krotkosti izvire i mržnja se iskorenjuje dok seme ljubavi izvire. Kada su neistine iskorenjene i kada je mešanje neprijatelja đavola uhvaćeno, mi možemo izrasti kao Njegova istinska deca.

Važan faktor u nezi polja nakon sadnje semena je čekanje pravog vremena u istrajnosti. Ako seljak iskopa zemlju ubrzo nakon što je posejao seme da bi video da li njegove biljke klijaju, seme može lako istruleti. Do žetve, veliki deo posvećenosti i istrajnosti je potreban.

Vreme potrebno za rađanje plodova razlikuje se od semena do semena. Dok dinja i lubenica daju plodove za manje od godinu dana, za jabuku i krušku je potrebno nekoliko godina.

Radost seljaka koji gaji žen-šen će biti neopisivo veća, za razliku od seljaka koji gaji lubenice, jer se vrednost žen-šena koji se gaji godinama ne može uporediti sa vrednošću lubenica, koje se gaje kraći period vremena.

Po istom principu, kada sejemo pred Bogom u skladu sa Njegovom rečju, ponekad ćemo primiti Njegove odgovore odmah i požnjeti plodove, ali ponekad može biti potrebno više vremena. Kao što nas podseća Poslanica Galaćanima 6:9: „Ne gubimo srce čineći dobro, jer ćemo blagovremeno požnjeti ako se ne umorimo,“ dok ne dođe vreme žetve mi moramo negovati naše polje istrajno i u posvećenosti.

4. Požnjećete ono što ste posejali

U Jevanđelje po Jovanu 12:24 Isus nam govori: „*Zaista, zaista vam kažem: Ako zrno pšenično padnuvši na zemlju ne umre, ono jedno ostane; ako li umre mnogo roda rodi.*“ U skladu sa Njegovim zakonom, Bog pravednosti je postavio Isusa Hrista svog jedinorodnog sina kao žrtvu pomirenja čovečanstva i dozvolio mu da postane jezgro pšenice, padne i umre. Kroz Njegovu smrt Isus je proizveo mnogo plodova.

Zakon duhovnog kraljevstva je sličan zakonu prirode koji diktira „Žnjećeš što si posejao,“ zakon Boga koji ne može niti narušen. Poslanica Galaćanima 6:7-8 nam jasno govori: „*Bog se ne da ružiti; jer šta čovek poseje ono će i požnjeti. Jer koji seje u telo svoje, od tela će požnjeti pogibao; a koji seje u duh, od duha će požnjeti život večni.“*

Kada seljak seje seme u svom polju, zavisno od vrste semena, on može požnjeti useve ranije od drugih i nastavlja da seje seme nakon žetve. Što više seljak seje i revnosnije neguje polje, više će useva požnjeti. Na isti način i u našoj vezi sa Bogom mi žanjemo što smo posejali.

Ako sejete molitvu i slavu, uz pomoć moći odozgo možete živeti po Božjoj reči dok vam duša napreduje. Ako verno radite za kraljevstvo Božje, bilo kakva bolest će vas napustiti kada primate blagoslove u telesnom i duhovnom. Ako revnosno sejete sa vašom materijalnom imovinom, porezima i žrtvama zahvalnosti, On će vam dati veći materijalni blagoslov pri čemu će vam On omogućiti da ih koristite za Njegovo kraljevstvo i pravednost.

Naš Gospod koji nagrađuje svaku osobu u skladu sa time šta je učinio, govori nam u Jevanđelju po Jovanu 5:29: „*I izići će koji su činili dobro u vaskrsenje života, a koji su činili zlo u vaskrsenje suda.*“ Prema tome, mi moramo živeti u Svetom Duhu i činiti dobro u našim životima.

Ako neko seje ne za Svetog Duha već za sopstvene želje, on može požnjeti samo ono sa ovog sveta što će na kraju proći. Ako vi merite i sudite drugima, vi ćete takođe biti mereni i biće vam suđeno u skladu sa Božjom rečju koja govori: „*Ne sudite da vam se ne sudi. Jer kakvim sudom sudite, onakvim će vam suditi; i kakvom merom merite, onakvom će vam se meriti*“ (Jevanđelje po Mateju 7:1-2).

Bog nam je oprostio sve naše grehe koje smo počinili pre

nego smo prihvatili Isusa Hrista. Ali ako počinimo grehe nakon što smo spoznali istinu i greh i ako nam se oprosti kajanjem, mi ćemo primiti prekor.

Ako ste sejali greh, u skladu sa zakonom duhovnog kraljevstva, vi ćete žnjeti plodove vašeg greha i suočiti se sa iskušenjima i patnjom.

Kada je Božji voljeni David zgrešio, Bog mu je rekao: „*Zašto si prezreo reč Gospodnju čineći šta Njemu nije po volji? i „Evo, ja ću podignuti na te zlo iz doma tvog*" (2. Samuelova 12:9-11). Kada su Davidu bili oprošteni njegovi gresi jer se pokajao: „Sagreših GOSPODU," mi takođe znamo da je Bog udario na dete koje je Urijeva žena rodila Davidu (2. Samuelova 12:13-15).

Mi bi trebali da živimo u istini a da činimo dobro, setite se da žanjemo sve što smo posejali u svemu, sejte za Svetog Duha, primite večni život od Svetog Duha i uvek primajte Božje prekomerne blagoslove.

U Bibliji ima mnogo osoba koje su udovoljavale Bogu i zatim primile izobilje blagoslova. Žena u Sunimu je uvek tretirala Jeliseja Božjeg čoveka sa najviše poštovanja i učtivosti, odsedao je u njenoj kući kad god bi bio u blizini. Nakon što je razgovarala sa mužem o pripremi gostinske sobe za Jeliseja, žena je uredila sobu za proroka i postavila krevet, sto, stolicu, lampu i zauzimala se Jelisej ostane u njenoj kući (2. Knjiga Kraljevima 4:8-10).

Jelisej je bio duboko ganut ženinom posvećenošću. Kada je saznao da je ženin muž star i da nemaju dece i da je imati sopstveno dete ženina želja, Jelisej je zamolio Boga za blagoslov rađanja ove žene i Bog joj je podario sina godinu dana kasnije (2. Knjiga Kraljevima 4:11-17).

Kako je Bog obećao u Psalmima 37:4: „*Teši se GOSPODOM, i učiniće ti šta ti srce želi*" ženi iz Sunima su date želje iz njenog srca jer je negovala Božjeg slugu sa pažnjom i posvećenosti (2. Knjiga Kraljevima 4:8-17).

U Delima Apostolskim 9:36-40 je zapis o ženi iz Jope koja se zvala Tabita, koja je obilovala delima ljubaznosti i milosrđa. Kada se razbolela i umrla, učenici su javili vest Petru. Kada je on stigao na to mesto, udovice su pokazale Petru odore i drugu odeću koju je Tabita za njih napravila i preklinjale ga da ženu vrati u život. Petar je bio duboko ganut ženinim gestom i iskreno se molio Bogu. Kada je rekao: „Tabita ustani," ona je otvorila oči i sela. Zato što je Tabita sejala pred Bogom čineći dobro i pomažući siromašnima, ona je mogla primiti blagoslov produžetka svog života.

U Jevanđelju po Marku 12:44 je zapis o siromašnoj udovici koja je Bogu dala sve. Isus, koji je gledao gomilu ljudi koji su davali žrtve paljenice u hramu, rekao je Njegovim učenicima: „*Jer svi metnuše od suviška svog; a ona od sirotinje svoje metnu sve što imaše, svu hranu svoju*" i zapovedio joj. Nije teško uvideti da je žena kasnije u svom životu primila još veće blagoslove.

Prema zakonu duhovnog kraljevstva, Bog pravednosti nam

omogućava da žanjemo što smo posejali i nagrađuje nas po onome što je svako od nas učinio. Jer Bog čini u skladu sa verom svake osobe, kako ona veruje i povinuje se, mi treba da razumemo da možemo primiti bilo šta što tražimo u molitvi. Sa ovim na umu, neka svako od vas preispita svoje srce, marljivo ga kultivišite u dobru zemlju, posejte mnogo semena, negujte ih u istrajnosti i posvećenosti i berite izobilje plodova, u ime našeg Gospoda Isusa Hrista ja se molim!

Poglavlje 6

Ilija sa ognjem dobija Božji odgovor

I reče Ilija Ahavu: „Idi, jedi i pij, jer dolazi veliki dažd.“ I otide
Ahav da jede i pije. A Ilija se pope na vrh Karmila, i saže se k
zemlji i metnu lice svoje među koljena svoja. A momku svom
reče: „Idi, pogledaj put mora.“ A on otišavši pogleda, pa reče:
„Nema ništa.“ I reče mu: „Idi opet sedam puta.“ A kad bi sedmi
put, reče: „Eno, mali oblak kao dlan čovečiji diže se od mora.“
Tada reče: „Idi, reci Ahavu, preži i idi, da te ne uhvati dažd.“ U
tom se zamrači nebo od oblaka i vetra, i udari veliki dažd. A
Ahav sedavši na kola otide u Jezrael

(1. Knjiga Kraljevima 18:41-45).

Moćni Božji sluga Ilija mogao bi posvedočiti o živom Bogu i omogućiti Izraelcima koji obožavaju idole da okaju svoje grehe Božjim odgovorom sa vatrom koju je tražio i primio. Uz to, kada nije bilo kiše tri i po godine zbog Božjeg gneva na Izraelce, Ilija je bio taj koji je izveo čudo i okončao sušu doneseći obilnu kišu.

Ako verujemo u živog Boga, mi moramo takođe u naš život primiti Božji odgovor u vidu vatre kao i Ilija, svedočiti pred njim i Njega slaviti.

Istraživanjem Ilijine vere, pomoću koje je on primio Božji odgovor u vidu vatre i video sopstvenim očima ispunjenje želja njegovog srca, hajde da postanemo blagoslovena Božja deca koja uvek primaju odgovore našeg Oca u vidu vatre.

1. Vera Ilije, sluge Božjeg

Kao Božji odabir, Izraelci su trebali da obožavaju samo jednog Boga, ali njihov kralj je počeo da čini zlo pred Božjim očima i obožava idole. Do vremena kad se Ahav uzdigao do prestola, ljudi Izraela su počeli da čine više zla i obožavanje idola je dostiglo svoj vrhunac. U ovom trenutku, Božji gnev prema Izraelu pretvorio se u nesreću suše koja je trajala tri i po godine. Bog je postavio Iliju kao Njegovog slugu i kroz njega manifestovao svoja dela.

Bog je rekao Iliji: *„Idi, pokaži se Ahavu, i pustiću dažd na zemlju"* (1. Knjiga Kraljevima 18:1).

Mojsije, koji je izveo Izraelce iz Egipta, prvo nije poslušao Boga kada je On zapovedio Mojsiju da izađe pred Faraona.

Kada je Samuelu rečeno da miropomaže Davida, prorok takođe u početku nije poslušao Boga. Ipak, kada je Bog rekao Iliji da ide i da se pokaže pred Ahavom, istom kralju koji je tri godine pokušavao da ga ubije, ovaj prorok je bezuslovno poslušao Boga i pokazao Njemu takvu veru kojom je Bog bio zadovoljan.

Zbog toga što je Ilija poslušao i verovao u sve što je bila Božja reč, kroz proroka je Bog mogao da manifestuje Njegova dela ponovo i ponovo. Bog je bio zadovoljan Ilijinom poslušnom verom, voleo ga je, prepoznao ga je za Njegovog slugu, pratio ga je gde god da je išao i garantovao svaki njegov napor. Zbog toga što je Bog potvrdio Ilijinu veru, on je mogao da diže iz mrtvih, da primi Božji odgovor putem vatre i da se uzdigne do nebesa u vihoru. Iako postoji samo jedan Bog koji sedi na Njegovom nebeskom prestolu, svemogući Bog može da nadgleda sve u univerzumu i omogućava Njegovom delu da se odigra gde god je On prisutan. Kako mi nailazimo u Jevanđelju po Marku 16:20: *„A oni izađoše i propovedaše svuda, i Gospod ih potpomaga, i reč potvrđiva znacima koji su se potom pokazivali,“* kada su pojedinac i njegova vera prepoznati i priznati od strane Boga, čuda i Njegovi odgovori na molitve osobe su praćeni kao znak manifestovanja Njegovih dela.

2. Ilija sa ognjem dobija Božji odgovor

Zbog toga što je Ilijina vera bila ogromna i zbog toga što je on bio dovoljno poslušan da bude vredan Božjeg priznanja, prorok je mogao hrabro propovedati o predstojećoj suši u Izraelu.

On je mogao da objavi kralju Ahavu: *„Tako da je živ GOSPOD Bog Izrailjev, pred kojim stojim, ovih godina neće biti rose ni dažda dokle ja ne kažem“* (1. Knjiga Kraljevima 17:1).

Zbog toga što je Bog znao da će Ahav ugroziti Ilijin život koji je propovedao o suši, Bog je vodio proroka do potoka Horat, rekao mu da tu ostane neko vreme i zapovedio gavranima da mu donose hleb i meso ujutru i uveče. Kada je potok Horat presušio zbog nedostatka kiše, Bog je vodio Iliju u Sareptu i pustio tamo udovicu da ga snabdeva hranom.

Kada se udovičin sin razboleo, bivao sve gore I gore, i napokon umro, Ilija je dozivao Boga u molitvi: *„GOSPODE Bože moj, neka se povrati u dete duša njegova“* (1. Knjiga Kraljevima 17:21)!

Bog je čuo Ilijinu molitvu, oživeo dečaka i dozvolio mu da živi. Kroz ovaj događaj, Bog je dokazao da je Ilija bio Božji čovek i da je reč Božja u njegovim ustima istina (1. Knjiga Kraljevima 17:24).

Ljudi naše generacije žive u vremenu u kome nikad ne mogu verovati u Boga osim ako ne vide čudesne znake i čuda (Jevanđelje po Jovanu 4:48). Da bismo svedočili danas o živom Bogu, svako od nas mora biti naoružan onakvom verom kakvu je posedovao Ilija i hrabro preuzeti ulogu u širenju jevanđelja.

U trećoj godini proročanstva u kojoj je Ilija rekao Ahavu:

„Ovih godina neće biti rose ni dažda dokle Ja ne kažem," Bog je rekao Njegovom proroku: „Idi, pokaži se Ahavu, i pustiću dažd na zemlju" (1. Knjiga Kraljevima 18:1). Mi nailazimo u Jevanđelju po Luki 4:25: *„U vreme Ilijino kad se nebo zatvori tri godine i šest meseci i bi velika glad po svoj zemlji."* Drugim rečima, u Izraelu nije bilo kiše tri i po godine. Pre nego je Ilija otišao Ahavu drugi put, kralj je uzaludno tražio proroka u susednim zemljama, verujući da je Ilija kriv za trogodišnju sušu.

Iako bi Ilija bio usmrćen istog trenutka kada bi otišao pred Ahava, on je hrabro poslušao Božju reč. Kad je Ilija stao pred Ahavom, kralj ga je pitao: „Jesi li to ti, nesrećo Izraela?" (1. Knjiga Kraljevima 18:17) Na ovo Ilija je odgovorio: *„Ne donosim ja nesreću na Izrailja, nego ti i dom oca tvog ostavivši zapovesti GOSPODNJE i pristavši za Valima"* (1. Knjiga Kraljevima 18:18). On je saopštio kralju Božju volju i nikad se nije plašio. Ilija je iskoračio i rekao Ahavu: *„Nego sada pošalji i saberi k meni svega Izrailja na goru karmilsku, i četiri stotine i pedeset proroka Valovih i četiri stotine proroka iz luga, koji jedu za stolom Jezaveljinim"* (1. Knjiga Kraljevima 18:19).

Zbog toga što je Ilija znao da je suša snašla Izrael zato što su njegovi stanovnici obožavali idole, on je tražio da se suoči sa 850 proroka idola i potvrdio: „Bog koji odgovara vatrom – on je Bog." Zbog toga što je Ilija verovao u Boga, prorok je Njemu pokazao veru i verovao je da će Bog odgovoriti vatrom.

On je onda rekao Valovim prorocima: *„Izaberite sebi jednog* *junca i prigotovite ga prvo, jer je vas više; i prizovite ime bogova svojih, ali ognja ne podmećite"* (1. Knjiga Kraljevima 18:25). Kada Valovi proroci nisu primili nikakav odgovor od jutra do večeri, Ilija im se rugao.

Ilija je verovao da će mu Bog odgovoriti vatrom, u radosti je Ilija naredio Izraelcima da naprave oltar i da sipaju vodu preko žrtve paljenice i preko drveta i molio se Bogu.

Usliši me, GOSPODE, usliši me, da bi poznao ovaj narod da si Ti GOSPOD Bog, kad opet obratiš srca njihova (1. Knjiga Kraljevima 18:37).

Tada pade oganj GOSPODNJI i spali žrtvu paljenicu i drva i kamen i prah, i vodu u opkopu popi. A narod kad to vide sav popada ničice, i rekoše: *„GOSPOD je Bog, GOSPOD je Bog"* (1. Knjiga Kraljevima 18:38-39).

Sve ovo je bilo moguće jer Ilija nije ni najmanje sumnjao kada se molio Bogu (Jakovljeva Poslanica 1:5) i verovao je da je već primio ono što je tražio u molitvi (Jevanđelje po Marku 11:24).

Zašto je Ilija naredio da se sipa voda preko žrtve paljenice i onda se molio? Zbog toga što je suša trajala tri i po godine, oskudna i najvrednija potrepština tada bila je voda. Punjenjem četiri velike tegle vodom i sipanjem vode na žrtvu paljrnicu tri puta (1. Knjiga Kraljevima 18:33-34), Ilija je pokazao Bogu svoju veru i dao Njemu ono što mu je bilo najdragocenije. Bog koji voli radosnog davaoca (Korinćanima Poslanica 9:7) ne samo da je dozvolio Iliji da požanje ono što je posejao, već je dao proroku Njegov odgovor vatrom i potvrdio svim Izraelcima da je njihov Bog zaista živ.

Ako pratimo Ilijine stope i pokažemo Bogu našu veru, damo Njemu našu najdragoceniju stvar i pripremimo se da primimo Njegov odgovor na našu molitvu, mi možemo posvedočiti o živom Bogu svim ljudima Njegovim odgovorima sa vatrom.

3. Ilija donosi jaku kišu

Nakon što je predstavio živog Boga Izraelcima kroz Njegove odgovore sa ognjem i načinio da se Izraelci pokaju prek idolima kojima su služili, Ilija se setio zakletve koju je dao Ahavu - *„Tako da je živ Gospod Bog Izrailjev, pred kojim stojim, ovih godina neće biti rose ni dažda dokle ja ne kažem"* (1. Knjiga Kraljevima 17:1). On je rekao kralju: *„Idi, jedi i pij, jer dolazi veliki dažd"* (1. Knjiga Kraljevima 18:42) i otišao je na vrh Karmila. On je tako uradio da bi ispunio Božju reč: „Poslaću kišu na zemlju" i primio Njegov odgovor.

Kada je bio na vrhu Karmila, Ilija je kleknuo na zemlju i stavio svoje lice između svojih kolena. Zašto se Ilija molio na takav način? Ilija je bio na velikim mukama dok se molio.

Kroz ovu sliku, možemo pretpostaviti koliko je iskreno Ilija prizivao Boga svim svojim srcem. Šta više, dokle god nije mogao videti Božji odgovor svojim očima, Ilija nije prestajao da se moli. Prorok je naložio slugi da drži svoje oči uperene ka moru dok sluga nije video oblak, mali kao njegova šaka, Ilija se molio na ovaj način sedam puta. Ovo je bilo više nego dovoljno da zadivi Boga i protrese Njegov nebeski presto. Pošto je Ilija doneo kišu nakon tri i po godine suše, može se pretpostaviti da je njegova molitva bila isuviše moćna.

Kada je Ilija primio Božji odgovor u vidu vatre, on je potvrdio svojim usnama da će Bog raditi za njega iako Bog nije progovorio o tome; isto je uradio i kad je doneo kišu. Nakon što je video oblak mali kao ljudska šaka, prorok je poslao reč Ahavu: *„Preži i idi, da te ne uhvati dažd"* (1. Knjiga Kraljevima 18:44). Jer Ilija je imao veru kojom je mogao da prizna svojim usnama ono što još uvek nije mogao da vidi (Poslanica Jevrejima 11:1), Bog je mogao da čini po prorokovoj veri i zaista skladno Ilijinoj veri, za kratko vreme je nebo postalo crno, sa oblacima i vetrom i pao je veliki pljusak (1. Knjiga Kraljevima 18:45).

Mi moramo verovati da je Bog, koji je Iliji dao Njegov odgovor vatrom i dugo očekivanu kišu posle suše koja je trajala tri godine i šest meseci, je isti Bog koji nam uklanja iskušenja i patnje, daje nam želje našeg srca i daje nam Njegove čudesne blagoslove.

Siguran sam da ste do sada shvatili, da biste primili Božji odgovor vatre, slavite Njega i da biste ispunili želje svoga srca, prvo mu morate pokazati onakvu veru kakvom će On biti zadovoljan, uništite svaki zid greha koji stoji između Boga i vas i zatražite bilo šta bez sumnje.

Drugo, u radosti morate izgraditi oltar pred Bogom, prinositi mu žrtve paljenice i moliti se iskreno. Treće, dok ne primite Njegove odgovore, morate priznati svojim usnama da će Bog činiti za vas. Onda će Bog biti izuzetno zadovoljan i odgovoriće vašoj molitvi da biste Njega slavili u sadržaju vašeg srca.

Naš Bog nam odgovara kada se Njemu molimo u vezi problema koji se tiču naše duše, dece, zdravlja, posla i bilo kojih drugih stvari i dobija slavu od nas. Hajde da posedujemo takođe takvu veru kao Ilija, molimo se dok ne primimo Božje odgovore i postanimo Njegova blagoslovena deca, slaveći uvek našeg Oca!

Poglavlje 7

Ispunite želje svoga srca

Teši se GOSPODOM; i učiniće ti šta ti srce želi

———————— ❧ ————————

(Psalmi 37:4).

Mnogo ljudi danas traži da primi odgovore za različite probleme od svemoćnog Boga. Oni se revnosno mole, poste i mole se noćima da bi primili isceljenje, da bi obnovili svoje propale poslove, da bi rađali decu i da bi primili materijalne blagoslove. Nažalost, ima mnogo ljudi koji nisu u mogućnosti da prime Božje odgovore i da Ga slave u odnosu na druge koji jesu.

Kada nema odgvora od Boga mesec dana ili dva meseca, ovi ljudi se umore, govoreći: „Bog ne postoji," okreću glavu od Boga i počinju da obožavaju idole i time zatamnjuju Njegovo ime. Ako neko posećuje crkvu ali ne uspeva da primi Božju moć i slavi Njega, kako to može biti „istinska vera?"

Ako neko svedoči da istinski veruje u Boga, onda kao Njegovo dete, on mora biti u mogućnosti da primi žudnje svoga srca i ispuni sve što traži da postigne u toku svog života na ovom svetu. Ali mnogi ne uspevaju da ispune želje svojih srca čak iako tvrde da veruju. To je zato što ne poznaju sami sebe. Sa odlomkom na koje se odnosi ovo poglavlje, hajde da istražimo načine sa kojima možemo ispuniti želje naših srca.

1. Prvo, jedan mora ispitati svoje sopstveno srce

Svaka osoba mora pogledati unazad i uvideti da li stvarno veruje u svemogućeg Boga, ili veruje samo polovično dok sumnja, ili je samo lukavog srca i traži neku vrstu sreće. Pre nego što spoznaju Isusa Hrista, mnogi ljudi provedu svoje živote služeći idolima ili verujući jedino u sebe same. U vreme velikog iskušenja ili patnje, ipak, nakon što shvataju da se katastrofe sa kojima se suočavaju ne mogu rešiti snagom čoveka ili njegovih idola, oni lutaju svetom, čuju usput da Bog može rešiti njihove probleme i završe pred Njim.

Umesto da uprave svoje oči na Božju moć, ljudi ovog sveta samo misle o tome sumnjajući: „Zar mi On ne bi odgovorio ako molim Njega?" ili „Pa, možda molitva može rešiti moju krizu." Ipak, svemoćni Bog upravlja istorijom čovečanstva kao i ljudskim životom, smrću, kletvom i blagoslovom, oživljava mrtve i ispituje srce čoveka, tako da On ne odgovara osobi koja ima sumnju u svom srcu (Jakovljeva Poslanica 1:6-8).

Ako neko iskreno traži da ispuni želje svog srca, on najpre mora odbaciti sumnju i srce koje traži sreću i mora verovati da je već primio bilo šta što traži od svemogućeg Boga u molitvi. Samo tada će Bog moći darovati Njegovu ljubav i dozvoliti mu da ispuni želje svoga srca.

2. Drugo, nečija sigurnost u spasenju i uslovi vere moraju biti ispitani

Danas u crkvi, mnogi vernici su predmet problema u svojoj veri. Vrlo je srceparajuće videti iznenađujući veliki broj ljudi koji duhovno lutaju, one koji ne uspevaju da vide, zbog njihovog duhovnog neznanja, da je njihova vera krenula u pogrešnom pravcu i druge kojima nedostaje sigurnost spasenja čak i nakon mnogo godina života u Hristu i služenja Njemu.

Poslanica Rimljanima 10:10 nam govori: *„Jer se srcem veruje za pravdu, a ustima se priznaje za spasenje."* Kad otvorite vrata vašeg srca i primite Isusa Hrista kao vašeg Spasitelja, milošću Svetog Duha koja je data slobodno odozgo, vi primate vlast kao Božje dete. Čak štaviše, kada priznate vašim usnama da je Isus Hrist vaš Spasitelj i verujete iz vašeg srca da je Bog podigao Isusa iz mrtvih, postaćete sigurni u vaše spasenje.

Ako ne znate za sigurno da li ste primili spasenje, onda postoji problem sa stanjem vaše vere. To je zato što, ako vam nedostaje sigurnost u to da je Bog vaš Otac i da ste dostigli nebesko državljanstvo i postali Božje dete, vi ne možete živeti po volji našeg Oca.

Iz ovog razloga Isus nam govori: *„Neće svaki koji Mi govori: „Gospode! Gospode!" ući u carstvo nebesko; no koji čini po volji Oca Mog koji je na nebesima"* (Jevanđelje po Mateju 7:21). Ako veza „Bog Otac-sin (ili kćer)" još uvek nije nastala za pojedinca, jedino je prirodno da ta osoba neće primiti Njegove odgovore. Čak iako je ta veza poprimila oblik ipak, ako postoji nešto pogrešno u njegovom srcu pred očima Boga, on takođe ne može primiti Božji odgovor.

Zato, ako postanete Božje dete koje je osiguralo spasenje i koje se kaje zato što nije živelo po volji Božjoj, On će rešiti svaki vaš problem uključujući bolest, poslovni neuspeh i finansijske teškoće i u svim stvarima On čini za vaše dobro.

Ako tražite odgovor od Boga jer imate problem sa vašim detetom, istinitom rečju Bog će vam pomoći da rešite mnoge probleme i pitanja koja postoje između vas i vašeg deteta. Nekad su kriva deca; češće su ipak roditelji odgovorni za teškoće sa njihovom decom. Pre nego se počne sa upiranjem prsta u nekog, ako se roditelji najpre okrenu od svojih pogrešnih načina i pokaju se, teže da odgajaju svoju decu pravilno i predaju sve Bogu, On će im dati mudrost i činiće za dobro oba roditelja i njihovu decu.

Zato, ako dođete u crkvu i tražite da primite odgovore za vaše teškoće sa decom, bolešću, finansijama i slično, umesto da naprasito postite, molite se ili ostanete budni cele noći moleći se, prvo morate shvatiti u istini šta je začepilo vaš kanal sa Bogom, pokajati se i okrenuti se na drugu stranu. Bog će onda činiti za vaše dobro dok primate vođstvo Svetog Duha. Ako se uopšte i ne potrudite da razumete, čujete Božju reč ili živite po njoj, vaša molitva Bogu vam neće doneti Božje odgovore.

Zbog toga što postoji mnogo primera u kojima ljudi ne uspevaju u potpunosti da shvate istinu i da prime Božje odgovore i blagoslove, svi mi moramo ispuniti žudnje naših srca tako što ćemo postati sigurni u naše spasenje i živeti po Božjoj volji (Ponovljeni Zakon 28:1-14).

3. Treće, morate udovoljiti Bogu vašim delima

Ako neko prizna Boga za Stvoritelja i prihvati Isusa Hrista za svog Spasitelja, što se više uči istini i postaje prosvetljeniji, njegova duša napreduje. Uz to, ako nastavi da otkriva Božje srce, on može živeti svoj život na način koji Njemu prija. Dok dvogodišnja ili trogodišnja deca ne znaju kako da udovolje svojim roditeljima, u adolescenciji i kada odrastu deca uče kako da im udovolje. Po istom principu, što više Božje dece shvati i živi po istini, to više mogu udovoljiti svom Ocu.

Opet i opet nam Biblija govori o načinima na koje su naši praoci u veri primili odgovore na svoje molitve udovoljavajući Bogu. Kako je Avram udovoljio Bogu?

Avram je uvek sejao i živeo u miru i posvećenosti (Postanak 13:9), služio je Bogu svim svojim telom, srcem i umom (Postanak 18:1-10) i u potpunosti slušao Njega bez uplitanja njegovih sopstvenih misli (Poslanica Jevrejima 11:19; Postanak 22:12), jer je verovao da Bog može oživeti mrtve. Kao rezultat, Avram je primio blagoslov Jehovahjireh ili „Gospod će se postarati" blagoslov za decu, blagoslov za finansije, blagoslov dobrog zdravlja i slično i blagoslove u svakom smislu (Postanak 22:16-18, 24:1).

Šta je Noje uradio da primi Božje blagoslove? On je bio pravedan, nevin među ljudima njegove generacije i hodao je sa Bogom (Postanak 6:9). Kada je osudom vode potopljen ceo svet, samo su Noje i njegova porodica mogli da izbegnu osudu i prime spasenje. Zato što je Noje hodao sa Bogom, on je mogao opaziti Božji glas i pripremiti barku i povesti čak i svoju porodicu u spasenje.

Kada je udovica iz Sareptu u 1. Knjiga Kraljevima 17:8-16 posadila seme vere u Božjeg slugu Iliju tokom suše koja je trajala u Izraelu tri i po godine, ona je primila izuzetne blagoslove. Kako se ona povinovala u veri i služila Iliju sa hlebom napravljenim od šake brašna i sa malo ulja iz krčaga, Bog je blagoslovio i ispunio Njegovu prorokovanu reč rekavši: *„Brašno se iz zdele neće potrošiti niti će ulja u krčagu nestati dokle ne pusti GOSPOD dažda na zemlju.“*

Zbog toga što je žena iz Sunim u 2. Knjiga Kraljevima 4:8-17 služila i tretirala Božjeg slugu Iliju sa najvećom pažnjom i poštovanjem, ona je primila blagoslov rođenja sina. Žena je služila Božjeg slugu ne zato što je želela nešto zauzvrat, već zato što je iskreno volela Boga svojim srcem. Da li ima smisla što je ova žena primila Božji blagoslov?

Takođe se lako može reći da je Bog bio potpuno oduševljen Danilovom verom i verom njegova tri prijatelja. Iako je Danilo bio bačen u lavlju jazbinu jer se molio Bogu, on je izašao iz jazbine bez ikakve povrede jer je verovao Bogu (Danilo 6:16-23). Iako su Danilova tri prijatelja bila vezana i bačena u goruću peć jer nisu obožavali idola, oni su slavili Boga nakon što su izašli iz peći a da ni jedan deo njihovog tela nije bio opečen ili spržen (Danilo 3:19-26).

Kapetan iz Jevanđelja po Mateju 8 mogao je udovoljiti Bogu svojom ogromnom verom i u skladu sa njegovom verom, primio je Božje odgovore. Kada je rekao Isusu da je njegov sluga paralizovan i u velikim patnjama, Isus se ponudio da poseti kapetanovu kuću i da isceli njegovog slugu. Ipak, kada je kapetan rekao Isusu: *„Samo reci reč, i ozdraviće sluga moj“* i pokazao njegovu veliku veru i ljubav prema svom slugi, Isus mu je zapovedio: *„Ni u Izrailju tolike vere ne nađoh."* Zato što jedan prima odgovore u skladu sa svojom verom, kapetanov sluga bio je isceljen istog trenutka. Aleluja!

Postoji i više. U Jevanđelju po Marku 5:25-34 vidimo veru žene koja je patila od krvarenja 12 godina. Uprkos nezi mnogih doktora i novcu koji je potrošila, njeno stanje se stalno pogoršavalo. Kada je čula vesti o Isusu, žena je poverovala da može biti isceljena samo ako dodirne Njegovu odeću. Kada je došla iza Isusa i dodirnula mu ogrtač, žena je bila isceljena istog trenutka.

Kakvu vrstu vere je posedovao kapetan Kornelije u Delima Apostolskim 10:1-8 i na koje načine je on, nejevrejin, služio Bogu da bi cela njegova porodica primila spasenje? Mi nailazimo da su Kornelije i njegova porodica bili pobožni i plašili se Boga; a on je velikodušno darovao onima kojima je bilo potrebno i redovno se molio Bogu. Prema tome, Kornelijove molitve i pokloni siromašnima su postali spomen darovi pred Bogom i pošto je Petar posetio njegovu kuću da bi služio Bogu, svako iz Kornelijove porodice je primio Svetog Duha i počeo govoriti jezicima.

U Delima Apostolskim 9:36-42 nalazimo ženu koja se zvala Tavita (što, kada se prevede, znači srna) koja je uvek činila dobro i pomagala sirotinji, ali se razbolela i umrla. Kada je Petar stigao zbog urgencije svog učenika, kleknuo na kolena i molio se, Tavita je oživela.

Kada Njegova deca iznesu svoje dužnosti i udovolje svom Ocu, živi Bog ispunjava želje njihovih srca i u svim stvarima čini za njihovo dobro. Kada bismo zaista poverovali u ovu činjenicu, uvek bismo primali tokom naših života Božje odgovore.

Kroz konsultacije ili dijaloge s vremena na vreme, ja čujem ljude koji su nekad imali ogromnu veru, dobro služili crkvu i bili su verni, ali su napustili Boga nakon perioda iskušenja i patnje. Svaki put, ja ne mogu da se ne osećam slomljenog srca zbog ljudske nesposobnosti da naprave duhovnu razliku.

Ako ljudi imaju iskrenu veru, oni neće napustiti Boga kada iskušenje dođe na njihov put. Ako imaju duhovnu veru, oni će biti radosni, zahvalni i moliće se i u vremenima iskušenja i patnje. Oni neće izdati Boga, biti poljuljani, ili izgubiti oslonac u Njemu. Nekada ljudi mogu biti verni u nadi da će primiti blagoslove ili biti priznati od strane drugih. Ali molitva vere i molitva puna nade u slučajnosti se lako može razlikovati po njihovim odgovarajućim rezultatima. Ako se neko moli duhovnom verom, njegova molitva će verovatno biti praćena delima koja udovoljavaju Bogu i on će Njega slaviti ispunjavajući želje svoga srca jednu po jednu.

Sa Biblijom kao našim vodičem, mi smo ispitali kako su naši praoci u veri pokazali svoju veru Bogu i sa kakvom vrstom srca oni Njemu mogu udovoljiti i ispuniti želje svoga srca.

Zato što Bog blagoslovi, kao što je obećano, svi oni koji Njemu udovoljavaju – način na koji je Tavita koja ja bila vraćena u život udovoljila Njemu, način na koji je žena nerotkinja iz Sunima koja je blagoslovena sinom Njemu udovoljila i način kojim je Njemu udovoljila žena koja se oslobodila od dvanaest godina krvarenja – hajde da verujmo i uperimo naše oči na Njega.

Bog nam govori: „„*Ako možeš verovati?*" *Sve je moguće onome koji veruje*" (Jevanđelje po Marku 9:23). Kada verujete da On može rešiti bilo koji vaš problem, u potpunosti predate Njemu sve probleme koji se tiču naše vere, bolesti, dece i finansija i oslonite se na Njega, On će se sigurno pobrinuti o svemu ovome za nas (Psalmi 37:5).

Udovoljavajući Bogu koji ne laže već ispunjava ono što je On obećao, neka svako od vas ispuni žudnje vaših srca, da veliku slavu Bogu i vodi blagosloven život, u ime Isusa Hrista ja se molim!

Autor:
Dr. Džerok Li

Dr. Džerok Li je rođen u Muanu, Džeonam provinciji, Republika Koreja, 1943. godine. U svojim dvadesetim, Dr. Li je sedam godina patio od mnoštva neizlečivih bolesti i iščekivao smrt bez nade za oporavak. Međutim jednog dana u proleće 1974. god, njegova sestra ga je odvela u crkvu i kad je kleknuo da se pomoli, živi Bog ga je momentalno izlečio od svih bolesti.

Od trenutka kad je Dr. Li sreo živog Boga kroz to divno iskustvo, on je zavoleo Boga svim svojim srcem i iskrenošću, a u 1978. god., je pozvan da bude sluga Božji. Molio se revnosno uz nebrojene molitve u postu kako bi mogao jasno da razume volju Božju, u potpunosti je ispuni i posluša Reč Božju. Godine1982. je osnovao Manmin centralnu crkvu u Seulu, Koreja, i bezbrojna dela Božja uključujući čudesna isceljenja, znaci i čuda se ot tada dešavaju u njegovoj crkvi.

U 1986. god. Dr. Li je zareden za pastora na godišnjem Zasedanju Isusove Sungkjul crkve Koreje, i četiri godine kasnije u 1990.god. njegove propovedi su počele da se emituju u Australiji, Rusiji i na Filipinima. U kratko vreme i u mnogim drugim zemljama, preko Radio difuzne kompanije Daleki Istok, Azija radio difuzne kompanije i Vašingtonskog hrišćanskog radio sistema.

Tri godine kasnije, 1993.god., Manmin centralna crkva je izabrana za jednu od "Svetskih top 50 crkava" od strane magazina Hrišćanski svet (Christian World) a on je primio počasni doktorat bogoslovlja od Koledža hrišćanske vere, Florida, SAD, i 1996.god. Doktorat iz Službe od Kingsvej teološke bogoslovije, Ajova, SAD.

Od 1993.god., dr. Li prednjači u svetskoj evangelizaciji kroz mnogo inostranih pohoda u Tanzaniji, Argentini, Los Anđelesu, Baltimoru, Havajima i Nju Jorku u Sjedinjenim Američkim Državama, Ugandi, Japanu, Pakistanu, Keniji, Filipinima, Hondurasu, Indiji, Rusiji, Nemačkoj, Peruu, Demokratskoj Republici Kongo, Izraelu i Estoniji.

U 2002. godini bio je priznat kao „svetski obnovitelj" zbog njegovih snažnih svešteničkih službi u mnogim prekomorskim pohodima od strane hrišćanskih novina u Koreji. Izvanredan je bio njegov „Njujorški pohod 2006. god" održan u

Medison skver gardenu, najpoznatijoj svetskoj areni. Događaj je prenosilo 220 nacija a na njegovom „Pohodu ujedinjeni Izrael 2009. god." održanom u Međunarodnom kongresnom centru (ICC) u Jerusalimu on je hrabro oglasio da je Isus Hrist Mesija i Spasitelj.

Njegove propovedi emitovane su za 176 nacija putem satelita uključujući GCN TV i bio je svrstan kao jedan od top 10 najuticajnijih hrišćanskih vođa 2009. i 2010. godine od strane popularnog Ruskog hrišćanskog časopisa U pobedu (In Victory) i nove agencije Hrišćanski telegraf (Christian Telegraph) za njegovu moćnu svešteničku službu TV emitovanja i njegove inostrane crkveno pastorske službe.

Od Maja 2013.god., Manmin Centralna Crkva ima zajednicu od preko 120 000 članova. Postoji 10000 ogranaka crkve širom planete uključujući 56 domaćih ogranaka crkve i do sad više od 129 misionara su opunomoćena u 23 zemlje, uključujući Sjedinjene Države, Rusiju, Nemačku, Kanadu, Japan, Kinu, Francusku, Indiju, Keniju i mnoge druge.

Do datuma ovog izdanja Dr. Li je napisao 85 knjiga, uključujući bestselere: Probanje Večnog života pre smrti, Moj život Moja vera I & II, Poruka sa krsta, Mera vere, Nebo I & II, Pakao, Probudi se, Izraele! i Moć Božja. Njegove knjige su prevedene na više od 75 jezika.

Njegove Hrišćanske rubrike se pojavljuju u Hankok Ilbo, JongAng dnevniku, Dong-A Ilbo, Munhva Ilbo, Seul Šinmunu, Kjunghjang Šinmun, Hankjoreh Šinmun, Korejski ekonomski dnevnik, Koreja glasnik, Šisa vesti, iHrišćanskoj štampi.

Dr. Li je trenutno na čelu mnogih misionarskih organizacija i udruženja. Pozicije uključuju: Predsedavajući, Ujedinjene svete crkve Isusa Hrista; predsednik, Manmin svetska misija; stalni predsednik, Udruženje svetske hrišćanske preporodne službe; osnivač i predsednik odbora, Globalna hrišćanska mreža (GCN); osnivač i član odbora, Mreža svetskih hrišćanskih lekara (WCDN); i osnivač i član odbora, Manmin internacionalna bogoslovija (MIS).

Raj I i II

Detaljna skica predivne životne okoline u kojoj rajski stanovnici uživaju i prelepi opisi različitih nivoa nebeskih kraljevstva.

Moj Život, Moja Vera I i II

Najmirisnija duhovna aroma izvučena iz života koji je cvetao sa neuporedivom ljubavlju za Boga, u sred crnih talasa, hladnih okova i najdubljeg očaja.

Probanje Večnog Života pre Smrti, Moj Život

Zavetni memoari Dr. Džeroka Lija, koji je rođen ponovo i spašen iz doline senke smrti, i koji vodi primeren Hrišćanski život.

Mera Vere

Kakvo mesto stanovanja, kruna i nagrade su spremne za vas u raju? Ova knjiga obezbeđuje mudrost i smernice za vas da izmerite vašu veru i gajite najbolju i najzreliju veru.

Pakao

Iskrena poruka celom čovečanstvu od Boga, koji ne želi da ijedna duša padne u dubine Pakla! Otkrićete nikad do sad otkriveni iskaz o okrutnoj stvarnosti Nižeg Hada i Pakla.